Manfred Giebenhain

Kleines ABC der Bergstraße

Husum

Die Bergstraße – ein kleines Stück Italien mitten in Deutschland

Sie ist nicht besonders lang und beschränkt sich in der Breite auf nur wenige Kilometer. Und doch oder gerade deswegen ist die Bergstraße ein Landstrich, dessen Vorzüge von vielen anderen Regionen beneidet werden, die ebenso wenig vom Rauschen des Meeres oder von der Gebirgsluft in schneebedeckten Höhen verwöhnt werden. Dem milden Klima, der sanften Hügelkette des Odenwaldes im Osten und der Fruchtbarkeit der Oberrheinischen Tiefebene im Westen ist es zu verdanken, dass die 68 km lange Bergstraße ein Gottesgeschenk der Natur ist. Weshalb? Kaum jemand hat diese Frage zutreffender beantwortet als Kaiser Joseph II., der im Frühjahr 1764 bei seiner Rückreise aus Rom der Bergstraße einen Besuch abgestattet haben soll: „Hier fängt Deutschland an, Italien zu werden."

Symbol der Bergstraße ist die Burgruine Starkenburg. Im Vordergrund unterstreicht die Kirche St. Peter von Heppenheim, weshalb sie auch den Beinamen „Dom der Bergstraße" trägt.

Das Rathaus von Lorsch, erbaut 1714/15, steht stellvertretend für die gelungene Kombination von Fachwerkkunst und Renaissancestil. Einem Spiegelbild gleich kommt das zehn Jahre zuvor erbaute Rathaus von Heppenheim.

Während in den ersten Märzwochen überall im Land die Ungeduld über das noch von Niederschlägen bestimmte Winterwetter wächst, blühen zwischen Darmstadt im Norden und Wiesloch im Süden bereits die ersten Mandel-, Pfirsich- und Magnolienbäume *(→Blütenweg).* Es sind die über 1500 Sonnenstunden im Jahr, die die Bergstraße gleich hinter dem Bodensee zum Spitzenreiter unter den sonnenverwöhnten Regionen im Land machen. Wer das mediterrane Flair liebt, hat in seinem Vorgarten Palmen stehen oder genießt die Früchte des Feigenbaums, der im Schutz einer Trockenmauer einen Platz an der Sonne gefunden hat. In den zahlreichen Parks sind Orangen- und Zitronenbäume allgegenwärtig; hier steht einer der ältesten und höchsten Mammutbäume Deutschlands *(→Staatspark Fürstenlager Bensheim-Auerbach),* wächst der in Europa seltene japanische Katsurabaum und wird die essbare Hickorynuss geerntet, die im Osten der USA beheimatet ist *(→Exotenwald Weinheim).* Seit 2002 steht die Region unter dem besonderen Schutz der Vereinten Nationen *(→Geo-Naturpark Bergstraße-Odenwald).*

Einer Perlenschnur gleich reihen sich entlang der Bundesstraße 3, die im Wesentlichen den Verlauf der Bergstraße bestimmt, mehr als zwei Dutzend Städte und Dörfer aneinander. Weinheim, Bensheim und Heppenheim brauchen mit ihren historischen Altstädten, Villen und großbürgerlichen Häusern aus der Zeit des Historismus oder des Jugendstils den Vergleich mit dem Touristenmagneten Heidelberg *(→Heidelberger Altstadt und Schloss)* nicht zu scheuen. Gut erhaltene wie teils enorm zerstörte Burgen sind Zeugen wechselvoller Herrschaftsansprüche *(→Burgenweg)*. Neben den zahlreichen Wanderempfehlungen bietet es sich an, die Region auch auf dem 85 km langen ausgewiesenen Radweg von Darmstadt nach Heidelberg zu erkunden.

Begehrt sind die Bergsträßer Weine, die den politischen Grenzen folgend, getrennt voneinander in einem hessischen und badischen *→Weinbaugebiet Bergstraße* erzeugt und vermarktet werden. Dieses Handwerk wussten bereits die Römer zu nutzen, deren Spuren besonders in Hirschberg *(→Villa Rustica Hirschberg)* und in der *→Römerstadt Ladenburg* erhalten geblieben sind. Dennoch reicht die geläufigste Übersetzung der einstigen Heer- und Handelsstraße „Strata Montana" nicht zurück in die Antike, sondern wird dem Humanismus zugeordnet. Spuren der ersten Besiedlungen an der Bergstraße reichen 1500 bis 2500 Jahre vor unsere Zeitrechnung zurück. Nicht weit entfernt, in der Gemeinde Mauer südöstlich von Heidelberg, wurde 1907 in einer Sandgrube der Unterkiefer des Homo erectus heidelbergensis *(→Lobdengau-Museum Ladenburg)* gefunden, der neueren Bestimmungen zufolge rund 600 000 Jahre alt ist.

Der heute hochindustrialisierte Landstrich profitiert neben seiner Zugehörigkeit zur Metropolregion Rhein-Neckar besonders von der Anbindung an den Fernverkehr. Nur wenige Kilometer westwärts der B 3 verlaufen die Nord-Süd-Achsen der A 5 und A 67, die in die A 6 übergeht. Als an solche Straßen noch nicht zu denken war, stattete Bertha Benz 1888 mit dem ersten motorisierten Fahrzeug *(→Automuseum Dr. Carl Benz)* der Bergstraße einen Besuch ab. Als der Treibstoff zu Ende ging, besorgte sie sich Ligroin in der Stadtapotheke von Wiesloch, die sich seitdem *→Erste Tankstelle der Welt* nennen darf.

Alsbacher Schloss

Längst wird das Mittelalter nachgespielt, ob bei einem der Ritterfeste oder beim Handwerker- und Mittelaltermarkt, auf dem die Schmiede- und Zimmererkunst ebenso wenig fehlen dürfen wie das Bäcker- und Schneiderhandwerk. Heute kümmert sich der „Historische und kulturelle Förderverein von Schloss Alsbach" um den Erhalt der Anlage, die Gottfried von Bickenbach um 1235 auf einer 257 m hohen Anhöhe als Trutzburg errichten ließ. 1280 wurde der 5–7 m breite Burggraben mit einem Zwinger umgeben. Die Burg Bickenbach, wie sie damals noch hieß, befand sich im 14. Jahrhundert im Eigentum von sechs Ganerben, unter denen die Bickenbacher nur noch mit einem Teil vertreten waren. Infolge einer Fehde zwischen dem Ganerben Hartmann Ulner von Dieburg und der Stadt Frankfurt nahmen die Frankfurter Söldner 1463 mit einer List die Burg ein und brannten sie nieder.

Beim Nachspielen historischer Gerichtsverhandlungen geht es nicht ganz so ernst zu, wie es die Requisiten vermuten lassen.

Seit 1997 kümmert sich ein gemeinnütziger Verein um den Erhalt der Burganlage und die Pflege des historischen Erbes.

1483 bis 1502 fast vollständig im Besitz des Ganerben Erasmus Schenk von Erbach, wurde die wieder aufgebaute Burg 1504 von Kommandant Ganz von Otzberg kampflos an Landgraf Wilhelm II. von Hessen übergeben. Seitdem befand sich die Burg in hessischer Hand und diente während des Dreißigjährigen Kriegs (1618 1648) als Zufluchtsort der Alsbacher Bürger. 1863 ließ der Großherzog von Hessen die Reste der nach dem Krieg verfallenen Burg sichern, seit 1997 kümmert sich ein Verein um den Erhalt.

Alte Brücke Heidelberg

Es war ein langer Weg, bis nahezu selbstverständlich tagtäglich Touristen aus aller Welt vom Stadtteil Neuenheim *(→Philosophenweg)* unbeschwert über die Karl-Theodor-Brücke in die *→Heidelberger Altstadt* schlendern konnten. 1788 ließ Kurfürst Karl Theodor (1724–1799) die letzte von insgesamt acht Vorgängerbrücken an dieser Stelle abreißen und die neue vollständig aus Neckartäler Sandstein errichten. Eishochwasser im harten Winter 1783/84 hatte der hölzernen Brückenbahn derart schwer zugesetzt, dass Karl Theodor sich für die Pläne des bis dahin eher unbekannten Bauinspektors Mathias Mayer entschieden hatte und nicht erneut für eine Holzkonstruktion. Das Bauwerk kostete 165 282 Gulden, die die Bürger Heidelbergs mit einer Sondersteuer aufzubringen hatten.

Ihre Standfestigkeit bewies sie fortan nicht nur gegenüber dem Neckarhochwasser, sondern auch 1799 wäh-

Die Karl-Theodor-Brücke, im Hintergrund das Heidelberger Schloss, ist die erste vollständig aus Stein erbaute Brücke an dieser Stelle, die von Heidelberg über den Neckar führt.

rend der Koalitionskriege nach der Französischen Revolution. Kampflos ergaben sich die Heidelberger auch den Freischärlern während der Badischen Revolution von 1848/1849, die die Brücke bereits vermint und mit deren Sprengung gedroht hatten. Schließlich an zwei Pfeilern und drei Bögen beschädigt wurde die Brücke durch Sprengungen am 29. März 1945. Pioniereinheiten der deutschen Wehrmacht glaubten, damit die heranrückenden US-Einheiten aufhalten zu können. Heidelberg ergab sich kampf- und schadlos. Kein Jahr später begann der Wiederaufbau. Eine große Spendenaktion unter den Bürgern hatte fast 1,6 Millionen Reichsmark eingespielt. Am 26. Juli 1947 wurde die Brücke feierlich wieder in Betrieb genommen.

Das mittelalterliche Brückentor sticht besonders durch seine beiden 28 m hohen Doppeltürme ins Auge. Ihre „Helme" bekamen sie Anfang des 18. Jahrhunderts aufgesetzt.

Ein besonders bei Touristen beliebtes Fotomotiv mit der individuellen Note ist die von dem Künstler Gernot Rumpf 1979 errichtete Bronzeplastik „Brückenaffe". Sie erinnert an den 1689 am Nordufer gesprengten „Affenturm".

Altstadt Bensheim

Wäre da nicht die →*Fraa vun Bensem* gewesen; wer weiß, was davon noch übrig geblieben wäre? So haben viele Gebäude in der Altstadt die Zeit des Dreißigjährigen Kriegs (1618–1648) überdauert. Heute noch erinnert man sich an diese mutige Frau, die 1644 mit einer List befreundete Truppen in die belagerte Stadt schleuste, was für Bensheim die Befreiung bedeutete. Der Marktbrunnen mit dem aus Stein gehauenen Stadt- und Kirchenpatron St. Georg in seiner Mitte wurde zwar erst 1895 angelegt, doch dient der zentrale Marktplatz bereits seit Anfang des 16. Jahrhunderts als Stätte des Handels. In das Jahr 1615 blickt das viergeschossige Eckhaus mit dem herausragenden Erker zurück, das den Stolz des einstigen Gasthauses „Zur Armbrust" mit seinem in prächtigem Rot gehaltenen Fachwerk bewahrt hat.

Bis zu seiner Verlegung floss das Flüsschen Lauter durch den Rinnentorturm, der vom Abriss einer mittelalterlichen Wehranlage verschont geblieben ist.

Gegenüber stechen drei einheitlich aussehende Fachwerkhäuser hervor, die 1682 „zur Zierde des Marktplatzes" erbaut wurden. Der historische Rundgang lenkt die Aufmerksamkeit auf ein weiteres gutes Dutzend herausragender Fachwerkhäuser. Der Verlauf der einstigen Stadtmauer lässt sich am besten am Erhalt markanter Objekte nachvollziehen. Be-

So alt wie der Marktplatz selbst ist der Georgsmarkt, der seit 1504 alljährlich im April abgehalten wird.

merkenswert sind der „Rote Turm", der um 1300 erbaut wurde, und der etwa 100 Jahre später errichtete Rinnentorturm, der am Rande der Altstadt auf dem Mohács-Platz steht. Die 1732 errichtete Domkapitelfaktorei erinnert an die Zeit der Mainzer Herrschaft, die nach der Säkularisation Sitz der neuen Stadt- und Kreisverwaltung wurde. Geschichte geschrieben haben auch hervorstechende Gebäude wie das älteste in dieser Vollständigkeit erhaltene Fachwerkhaus von Südhessen, der Walderdorffer Hof mit erhaltenen Resten der Stadtmauer (um 1400), der Hohenecker Hof und der Wambolter Hof aus dem 18. Jahrhundert.

Auerbacher Schloss

Wie in alten Zeiten geben sich im Auerbacher Schloss edle Rittersleute, pflichtbewusste Knappen und charmante Burgfräuleins gerne ein Stelldichein. Der auf Events spezialisierten Restauration ist es zu verdanken, dass in den alten Gemäuern hoch oben über der Stadt Bensheim saftiger Spießbraten mit Semmelknödeln und zum Nachtisch Käsescheiterhaufen serviert werden. Da dürfen beim deftigen Rittermahl natürlich auch Gaukler und Minnesänger nicht fehlen. Zutritt zur Küche haben nur Schlossgeister. Zusätzlich laden das ganze Jahr über Ritterturniere, Feuerspektakel und gruselige Inszenierungen in der Walpurgisnacht oder zu Halloween zur Zeitreise auf den 229,7 m hohen Auerberg ein.

Heute muss niemand mehr damit rechnen, beim Betreten der Burganlage in den 62 m tiefen Brunnen gestoßen zu werden. In Scharen drängen sich die Tagesbesucher an der über 300 Jahre alten Waldkiefer vorbei, um

Die gut 300 Jahre alte Waldkiefer dürfte der älteste Schlossbewohner sein.

Höhepunkt der Erkundigung der Schlossruine ist der Blick vom Nordturm über die Bergstraße und die Oberrheinische Tiefebene.

auf der Schildmauer den besten Blick über die Oberrheinische Tiefebene zu ergattern. Eine Steigerung dieses Moments erfährt, wer den Nordturm besteigt. Die erste Erwähnung der Burg geht auf das Jahr 1222 zurück, in dem Graf Diether IV. von Katzenelnbogen (†1245) als Bauherr genannt wird. Die größten Verwüstungen und Massaker wurden von französischen Truppen während des französisch-niederländischen Kriegs (1672–1679) verübt.

Automuseum Dr. Carl Benz

Für Freunde der Geschichte der Automobilindustrie ist das Automuseum des Dr. Carl Benz in der →*Römerstadt Ladenburg* ein absolutes Muss. Hier reihen sich nicht nur Stoßstange an Stoßstange die Modelle aneinander, die Geschichte geschrieben haben. Das Besondere ist schon der Standort. Die Exponate stehen in den Hallen der historischen Benz-Fabrik „C. Benz Söhne“, in der Dr. Carl Benz (1844–1929) und seine beiden Söhne Eugen und Richard 1906 in Ladenburg Fuß

Mit Unterstützung von Mercedes Benz hat Winfried A. Seidel 2004 das historische Fabrikgelände aufgekauft, vollständig renoviert und zu einem Museum umgestaltet.

gefasst haben und mit einem 8/18 PS-Wagen in die Serienproduktion gegangen sind. Auch die letzten beiden der über 300 Automobile, die bis Anfang der 20er-Jahre des vergangenen Jahrhunderts hier in Handarbeit zusammengebaut wurden, sind der Ausstellung erhalten geblieben.

Dokumentiert ist die Erfindung des ersten funktionsfähigen Zweitaktmotors 1879 ebenso wie die des ersten Automobils 1886. Als wahre Innovation gilt die Entwicklung der Achsschenkel-Lenkung von 1893. Etliche Exponate spiegeln die Entwicklung des Zweirads wider; der Geschichte

Die Präsentation der historischen Fahrzeuge ist ein Augenschmaus für jeden Autoliebhaber.

1817 unternahm der Karlsruher Forstmeister Karl Friedrich Drais von Sauerbronn den ersten längeren Ausflug mit seinem nach ihm benannten Laufrad „Draisine".

des automobilen Rennsports steht ein eigener Raum zur Verfügung. Eine umfangreiche Dokumentation beschreibt „das Leben für die Mobilität" des Dr. Carl Benz. Übrigens: Den wirtschaftlichen Erfolg hat der Erfinder maßgeblich seiner Frau Bertha Benz (1849–1944) zu verdanken, die mit dem „Patent-Motorwagen vom Typ III" 1888 gemeinsam mit ihren Söhnen die erste motorisierte Fernfahrt (→*Erste Tankstelle der Welt)* von Mannheim nach Pforzheim unternommen hat. Erst diese Werbetour hat zu dem gewünschten Kaufinteresse geführt.

Baumeister der Bergstraße

Repräsentativ für sein Wirken steht die Landhausvilla, die Heinrich Metzendorf (1866–1923) in unterschiedlicher Prägung und doch mit einer unverwechselbaren Handschrift geschaffen hat. Der am 4. Oktober 1866 als ältester Sohn einer alteingesessenen Steinmetzfamilie in Heppenheim geborene Architekt legte großen Wert darauf, Materialien aus der Region wie den roten Sandstein oder Granit in Verbindung mit Holzfachwerk, Holzschindeln und roten Biberschwanzziegeln zu verwenden. Inspiriert von der Reformbewegung um 1900 entstanden zwischen 1902 und 1923 nach seinen Plänen über 370 repräsentative Wohngebäude, darunter etliche Arbeiterwohnungen, aber auch Schulbauten, Fabrikgebäude, Hotels und sogar eine Kirche. Allein 130 seiner Wohnhäuser stehen in Bensheim, wo er 1897 sein Architekturbüro eröffnete und 1902 ein eigenes Haus bezog.

Mit der Ernst-Ludwig-Straße in Bensheim hat Heinrich Metzendorf (hier sein Wohnhaus) den Charakter eines ganzen Straßenzugs geprägt.

Nicht zuletzt dank seines regional begrenzten Wirkungskreises wurde Heinrich Metzendorf, der 1901 durch Großherzog Ernst Ludwig von Hessen zum Professor ernannt wurde, der Beiname „Baumeister der Bergstra-

Bereits der Form und Größe nach besonders bemerkenswert ist das Goethehaus an der Odenwaldschule im Heppenheimer Stadtteil Ober-Hambach.

ße" verliehen. Mit handwerklicher Präzision und künstlerischem Anspruch widmete er sich auch der Innenraumgestaltung. Dasselbe gilt für eine ganze Reihe von Außen- und Gartenanlagen, die sich harmonisch in die landschaftliche Umgebung einfügen.

Bergkirche Zwingenberg

Besonders im Sommer bietet sich der kleine Park hinter dem Rathaus von Zwingenberg *(→ Scheuergasse Zwingenberg)* als ein Ort der Ruhe und Erholung dar. Als lohnenswert erweist sich ein Bummel durch die dahinter liegenden Gassen der Altstadt, über denen mit einer majestätischen Sicherheit eines der ältesten Gotteshäuser der Bergstraße thront. 1258 ließ Diether von Katzenelnbogen († 1276) die Bergkirche erbauen; 16 Jahre später erhielt der Ort Stadtrechte und darf sich seitdem älteste Stadt an der Bergstraße nennen. Selbst Heidelberg *(→Heidelberger Altstadt)* musste auf dieses Privileg bis 1465 warten.

Mehrere Wege führen von den Gassen der Altstadt hinauf zur Bergkirche. Wer vom Marktplatz her die Obergasse wählt, kommt am Alten Rathaus vorbei.

Etlichen Verwüstungen ausgesetzt, hat Zwingenberg nicht nur seine einstige Wasserburg eingebüßt, von der heute nur noch Mauerreste und der 1979 restaurierte Nordostturm übrig geblieben sind. 1693 brannten französische Truppen den Ort nieder. Das Feuer machte auch vor der Kapelle nicht halt. Mit dem Wiederaufbau wurde ein Tonnengewölbe eingezogen. Ihr jetziges äußeres Aussehen geht auf eine 1830 erfolgte grundlegende Renovierung zurück, die dem Gotteshaus auch eine neue Orgel bescherte. Der hölzerne Altar folgte 1874; die bemalten Glasfenster wurden zu Beginn des 20. Jahrhunderts eingebaut.

Bergsträßer Weinlagenwege

Vom Zwingenberger Steingeröll *(→Bergkirche Zwingenberg)* bis zur *→Burgruine Starkenburg* bei Heppenheim *(→Großer Markt Heppenheim)* geht es über 22 km durch die Bergsträßer Weinlagen. Traditionell laden seit 1988 jedes Jahr am 1. Mai die Jungwinzer des Weinbauverbands Hessische Bergstraße zur Weinlagenwanderung mit Probierstationen ein, was bei schönem Wetter schon bis zu 40 000 Besucher angelockt hat.

Der Weg durchquert die Weinlagen Bensheimer Paulus und Heppenheimer Stemmler, Centgraf und Steinkopf

Der 1. Mai gehört der Weinlagenwanderung an der nördlichen Bergstraße.

Auch Planwagenfahrten durch die Weinberge stehen auf dem Programm.

und verrät auf über 60 Stationen alles über den Weinanbau *(→Erlebnispfad „Wein und Stein“)*. Auf den Stationstafeln wird die Abstammung der Rebsorten und deren Verwendung ebenso erklärt wie die Beschaffenheit des Bodens und die Erhaltungszüchtung. Geschichten erzählen von den Kristallen im Wein und ihren Wirkungen.

Weinanbau *(→Weinbaugebiet Bergstraße)*, wie er früher betrieben wurde, hat sich der Verein „Historischer Weinbau Madonnenberg“ auf die Fahnen geschrieben und 1989 nach historischem Muster den gleichnamigen Weinberg bei Schriesheim neu angelegt. Von Natursteinmauern befestigte Terrassen und auf kleinen Parzellen angepflanzte Weinreben erinnern auf fast 17 000 m^2 an die erste Erwähnung von Weingärten im Gewann Vohbach im Jahre 1250.

Besucherbergwerk Grube Anna-Elisabeth

Wer tief in die Erde vordringen möchte, braucht immer eine gehörige Portion Mut, geologische Kenntnisse und in erster Linie gutes Werkzeug. Wie im Falle der Grube Anna-Elisabeth bei Schriesheim gehört heute beim Großteil der Bergwerke diese Zeit der Vergangenheit an. Jetzt genügt bereits festes Schuhwerk und Kleidung, die auch mal etwas Schmutz aushält, um sich unter Tage umzusehen. Seit 1988 vermittelt das Besucherbergwerk einen Einblick in die über 500 Jahre alten Grubenbaue und in die Arbeitsweise der Bergleute. Die Anfänge des Bergwerkbaus von Schriesheim gehen auf das Jahr 1473 zurück. Natürlich geht es durch die Schächte und Stollen nur in Begleitung eines fachkundigen Führers, der nicht nur Interessantes über den Abbau von Silber und Vitriol zu erzählen weiß.

Besichtigt werden kann das Bergwerk nur in Begleitung eines fachkundigen Führers.

Vielerorts sind die unterirdischen Wege so eng, dass gerade mal eine Person aufrecht stehen kann. Besonders die Erlebnisführung lässt hautnah verspüren, unter welchen Bedingungen unsere Vorfahren ihren Lebensunterhalt verdienen mussten. Über Leitern geht es noch einmal 18 m weiter nach unten in tiefer liegende Stollen. Die normale Führung dagegen dauert mit 75 Minuten eine Stunde weniger und ist auch für Kinder geeignet. Nach der Führung lädt das gut

Mit großen Unterbrechungen diente die Mine bis zur Schließung 1817 der Gewinnung von Silbererz und später dem Abbau von Eisenvitriol.

Auch der Bergwerksgruß „Glück auf" lebt weiter.

erhaltene historische Sudhaus zur gemütlichen Einkehr ein. Draußen haben die Kinder ihren Spaß an Grubenhunten und anderen historischen Geräten, die auf dem Bergwerksvorplatz ausgestellt sind.

Blütenweg

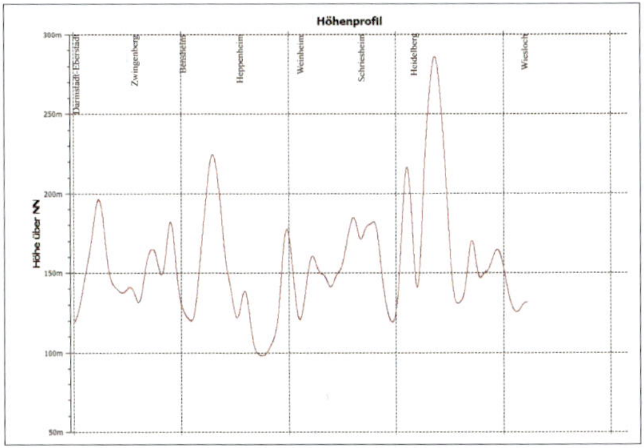

Wer die Bergstraße in voller Länge auf Schusters Rappen erleben möchte und gut darauf verzichten kann, jeden Berg zu Fuß zu erklimmen, ist auf dem Blütenweg genau richtig. Ebenso wie der in höheren Regionen parallel verlaufende →*Burgenweg*, beginnt der 82,5 km lange Wanderweg an der Friedhof-Straßenbahnhaltestelle in Darmstadt-Eberstadt. Stets der Markierung mit dem gelben B folgend, führt der Blütenweg den Wanderer nicht nur durch die Vorgärten in den Stadtrandlagen, wo Anfang März zusätzlich zu den landestypischen Obstbäumen auch Mandel-, Pfirsich- und Magnolienbäume die Berghänge

Ein beliebtes Ausflugsziel für laue Sommerabende oder Wanderungen am Wochenende ist das Kirschberghäuschen, das seit 1857 auf Bensheim blickt.

unterhalb der Weinberge (→*Weinbaugebiet Bergstraße)* in ein Blütenmeer verwandeln.

Bis die Reste der Stadtmauern von Wiesloch *(→Erste Tankstelle der Welt*) mit ihren Wehrtürmen das Ende des Wanderwegs markieren, lässt der Wanderer nahezu keinen Ort aus und kann sich neben den zahlreichen Einkehrmöglichkeiten an historischen Altstädten *(→Großer Markt Heppenheim* und *Heidelberger Altstadt)* erfreuen. Eine Augenweide für den Naturliebhaber bilden der →*Staatspark Fürstenlager Bensheim-Auerbach,* der →*Exotenwald* sowie der *Schlosspark und Hermannshof Weinheim,* für die es sich lohnt, genügend Zeit mitzubringen. Weitere markante Etappenziele sind der Kirchberg bei Bensheim und die →*Ruine Strahlenburg* bei Schriesheim.

Burgenweg

Von der →*Burgruine Frankenstein* im Norden bis zum →*Heidelberger Schloss* hat der Odenwaldklub einen 92 km langen anspruchsvollen Wanderweg mit einem blauen B markiert. Wie der mit einem gelben B gekennzeichnete →*Blütenweg,* der sich etwas unterhalb durch die Vorgärten am Rande der Ortschaften hindurchschlängelt, lädt der Burgenweg dazu ein, die Bergstraße zu Fuß zu erkunden. Die bekanntesten Stationen unterwegs sind das →*Auerbacher Schloss*, die →*Burgruinen Starkenburg und Windeck* sowie die →*Ruine Strahlenburg* bei Schriesheim. Den Weg säumen aber auch ein gutes Dutzend weiterer Burgen. Zwischen den Aufstiegen laden gemütliche Altstädte mit Schlössern und Parkanlagen (→*Staatspark Fürstenlager Bensheim-Auerbach* sowie *Exotenwald, Schlosspark und Hermannshof Weinheim*) zum Verweilen ein.

Wie hier vor den Toren des Auerbacher Schlosses kreuzen sich die Wege des Burgenwegs mit denen des Alemannenwegs, der Michelstadt im Odenwald mit der Bergstraße verbindet.

Der Burgenweg steuert auch eine weniger bekannte Burgruine an, die sich östlich von Seeheim befindet: Burg Tannenberg wurde 1239 von Ulrich von Münzenberg erbaut und 1399 zerstört.

Der Odenwaldklub empfiehlt, den Burgenweg wegen seiner teils steilen Steigungen in sechs Etappen zu je gut 13 bis maximal 19 km mit entsprechenden Einkehr- und Übernachtungsmöglichkeiten zurückzulegen. Zwischen Alsbach und Heppenheim kommt es zu Berührungen mit dem →*Bergsträßer Weinlagenweg*, der ebenso wie der →*Erlebnispfad „Wein und Stein"* bei Heppenheim das →*Weinbaugebiet Bergstraße* erklärt.

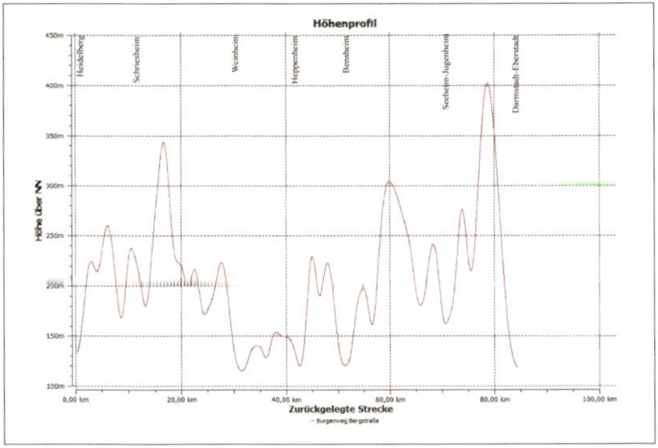

Burgruine Frankenstein

Etwas Schauriges hat die Burgruine Frankenstein am Nordrand der Bergstraße schon. Sie ist nicht nur alljährlich Schauplatz eines gruseligen Spektakels, das sich hier jedes Jahr an den Wochenenden vor Halloween abspielt und Volksfestdimensionen erreicht hat. Das Blut in den Adern gefrieren lassen können auch Geschichten aus alten Zeiten. So soll zu Beginn des 16. Jahrhunderts Ritter Georg von Frankenstein das nahe gelegene Dorf Nieder-Beerbach von einem Lindwurm befreit haben, der sich ausschließlich vom Fleisch von Jungfrauen ernährte. Auch gilt der unweit der Burg gelegene Ilbes-Berg dank der magnetischen Wirkung großer Gesteine nach dem Brocken im Harz als Domizil von Hexen. Menschliche Tragödien spielten sich in der zweiten Hälfte des 18. Jahrhunderts ab, als bei einem Goldrausch der Langenberg, auf dem die Burg steht, unkontrolliert ausgegraben und unterhöhlt wurde. Die damit einhergehende Zerstörung großer Teile der Burg kostete nicht nur mehrere Todesopfer. Dieser Zeit nachgesagt wird auch der Ausverkauf, den die Ehefrau des Burgverwalters betrieben haben soll. Neben dem kompletten Inventar seien auch Ziegel und Holztreppen versilbert worden. Die Burgmauern wurden schließlich als Steinbruch freigegeben.

Wer sich weder von den Gruselgeschichten der Vergangenheit noch von den Hallo-

Unbewiesen ist, dass die um 1240 erbaute Festung Pate für Mary Shelleys Buch „Frankenstein oder der moderne Prometheus" gestanden hat.

Bei klarer Sicht können sich am Horizont die Hochhäuser von Frankfurt abzeichnen.

ween-Schauspielern und Eventspezialisten beeindrucken lässt, kann sich in der 1450 erbauten Burgkapelle auch das Ja-Wort geben lassen. Das Gros der Besucher zieht es vor, nach einer Besichtigung genüsslich den Blick von 370 m Höhe von der Aussichtsterrasse des Burgrestaurants über die Bergstraße und Rheinebene schweifen zu lassen.

Burgruine Starkenburg

Von Weinhängen *(→Weinbaugebiet Bergstraße)* umgeben, liegt hoch über der Stadt *(→Großer Markt Heppenheim)* die Starkenburg, das Wahrzeichen der Bergstraße. Einige Belagerungen und Steinplünderungen, die durch die Folge von Zerstörungen begünstigt wurden, haben der einst stattlichen Befestigungsanlage schwer zugesetzt. Erst als 1816 Großherzog Ludwig I. (1758–1830) die Ruine unter den Schutz des Gesetzes stellte und Mauerausbrüche mit Zuchthaus bestrafen ließ, konnte die Erosion der heute als Jugendherberge genutzten Anlage gestoppt werden. Nicht mehr zu retten war der Bergfried, der am 22. Oktober 1924 gesprengt und an

Über Jahrhunderte diente die Starkenburg den Mönchen vom Kloster Lorsch als sicherer Zufluchtsort.

dessen Stelle sechs Jahre später ein Aussichtsturm (geöffnet nur am Wochenende) mit zehn Geschossen errichtet wurde.
Die ersten Bauten auf dem 295 m hohen Schlossberg gehen in das Jahr 1065 zurück. Die Bauherren der „Burcheldon“ genannten Befestigung kamen vom nahe gelegenen →*Kloster Lorsch.* Der heutige Name wurde erstmals 1206 urkundlich erwähnt. 61 Jahre später wurde die Starkenburg offizieller Verwaltungssitz eines Burggrafen. Unterwegs auf dem →*Burgenweg* trifft der Wanderer auf einen Waldlehrpfad für Kinder, der von Melampus, dem Geisterhund der Burg, erklärt wird. Von der Altstadt her ist auch der Planetenweg ein interessanter Begleiter, der an einer privat betriebenen Sternwarte vorbei bis zum Burgeingang führt.

Der Aufstieg zur Burg wird mit einem herrlichen Ausblick über die Stadt und das weite Tal belohnt.

B

Burgruine Windeck und Wachenburg

Es ist ein ungleiches Paar, das auf den Bergkuppen hinter der Stadt Weinheim (→*Exotenwald* und *Gerberbachviertel)* Platz genommen hat: auf der einen Seite die von mehreren Zerstörungen gebeutelte Burg Windeck und, keine 500 m davon entfernt, die makellos wirkende Wachenburg. 1114 wurde die zum →*Kloster Lorsch* gehörende Burg Windeck zum ersten Mal zerstört. Es folgten Besitzwechsel zwischen dem Erzbistum Mainz und den Pfalzgrafen. Konnte noch 1663 der größte im Dreißigjährigen Krieg (1618–1648) angerichtete Schaden behoben werden, blieb 1674 nach dem Sturm französischer Truppen fast kein Stein mehr auf dem anderen.

Von der Spitze des Bergfrieds aus liegt dem Betrachter nicht nur die Stadt (→*Schlosspark und Hermannshof)* zu Füßen. Darüber hinaus reicht der Blick bis in die Rheinebene und zum Pfälzer Wald. In der Gegenrichtung zeigt die Wachenburg sich von ihrer schönsten Seite. Ihre Geschichte ist schnell erzählt, zählt sie doch gerade mal 100 Jahre. Ihre Existenz verdankt sie der Entscheidung des Großherzogs, die Ruine Windeck 1900 an den Grafen von Berckheim zu veräußern. Damit durchkreuzte er Pläne des Weinheimer Senioren-Convents, hier eine Gedenkstätte zu Ehren der im Deutsch-Franzö-

Der 28 m hohe Bergfried auf Burg Windeck ist am besten erhalten geblieben.

1949 wurde auf der Wachenburg der Bund Europäischer Jugend gegründet.

sischen Krieg gefallenen Mitglieder des studentischen Corps zu errichten. Dass daraufhin auf dem gegenüberliegenden Wachenberg gleich eine im romanischen Stil errichtete Burganlage entstehen konnte, ist einem großen Spendenaufkommen zu verdanken. Heute noch dient die Wachenburg einer Nachfolgeorganisation als Begegnungs- und Tagungsstätte.

„Dom der Bergstraße“

Bei einem Rundgang durch die Altstadt von Heppenheim darf der Weg vom →*Großen Markt* kommend, die Kirchgasse hinauf, zur katholischen Pfarrkirche St. Peter nicht fehlen. Schon von Weitem fallen die drei Türme auf, die weit über die Dächer der umliegenden Häuser hinausragen. Der imposanten Form und Größe wegen ist gerne die Rede vom „Dom der Bergstraße“. Verglichen mit dem von mehrgeschossigen Fachwerkhäusern geprägten mittelalterlichen Stadtkern ist das Gotteshaus eher jüngeren Datums. Von einem Vorgängergebäude erhalten geblieben und in den neugotischen Neubau von 1900 bis 1904 integriert sind lediglich die sechs unteren Geschosse des Nordturms. Auch die damalige Steinkirche aus dem 12. oder 13. Jahrhundert hatte eine Vorgeschichte: Nach einer Urkunde reicht die dem Heiligen Petrus gewidmete Pfarrkirche in das Jahr 755 zurück, als Heppenheim in Form einer Schenkung des Macharius aus Weinheim erstmals erwähnt wurde.

Der Beiname „Dom der Bergstraße“ soll auf ein Gespräch zwischen Pfarrer

Papst Benedikt XVI. hat die Heppenheimerin Marianne Cope, die am 23. Januar 1838 in der Kirche getauft wurde, am 21. Oktober 2012 für ihre Dienste an Aussätzigen auf der Hawaii-Insel Molokai heiliggesprochen.

Majestätisch ragt die Pfarrkirche St. Peter aus der Altstadt hervor.

Bartholomäus Mischler und Bischof Dr. Georg Heinrich Kirstein zurückgehen, das sich nach der Konsekration der Peterskirche zugetragen haben soll. Beim Durchschreiten des Mittelgangs sei der Blick auf die Orgel gefallen, als der Oberhirte sagte: „Dieser Kirche fehlt etwas.“ Pfarrer Mischler entschuldigte sich für die alte Orgel, die gar nicht zu dem Neubau passte, mit den Worten: „Eine neue Orgel.“ Der hohe Besucher aus Mainz sah dies anders und antwortete mit: „Nein, ein Bischof.“ Dennoch blieb die Orgel ein Sorgenkind. Erst 1996 löste eine Neuanschaffung eine wohl aus minderwertigem Material gefertigte Orgel ab, die 1955 den Platz der Not-Orgel der Anfangsjahre eingenommen hatte.

Seit 1705 steht die Kreuzigungsgruppe des Bildhauers Anton Wermerskirch vor der Kirche St. Peter.

Erlebnispfad „Wein und Stein“

Als ein „Höhepunkt der deutschen Weinkultur“ darf sich der Erlebnispfad „Wein und Stein“ fühlen, der 2007 am Heppenheimer Steinkopf angelegt wurde. Das Deutsche Weininstitut spricht von einer „gelungenen Kombination von Weinanbau, Information und Kunst“. Ausgangspunkt des knapp sieben Kilometer langen Lehrpfads ist der Winzerbrunnen in der Stadtmitte. Der Pfad passt sich dem 22 km langen →*Bergsträßer Weinlagenweg* an, der das nördliche →*Weinbaugebiet Bergstraße* erfasst. Auf durchgängig geteerten Wegen und nur mit einem geringen Höhenunterschied von 110 m begegnen dem Besucher unterwegs 15 Kunstgegenstände.

Symbolträchtig hat der Künstler Siegfried Speckhardt den Siegeszug gegen die Reblaus in Stein und Eisen verewigt.

In den Weinbergen zeigt sich der Herbst von seiner schönsten Seite.

Fast am äußersten Punkt im Norden des Pfads erinnert die große Sandsteinskulptur „Strata Montana" von Josef Schmitt an die Namensgeber der Bergstraße.

Amüsant kommen die bunten ApARTE-Vögel von Lucia van Amsterdam daher, die über den Reben „fliegen". Ebenso humorvoll hat Eva-Gesine Wegner mit ihrer Skulptur „Zwischen Granit und Sandstein wird der Wein geboren" eine seltsame Symbiose von Mensch und Weinrebe geschaffen. Fast am Ende steht der symbolische Sieg über den größten Feind der Weinrebe: „Aus die Laus" heißt das Kunstwerk, das das Tierchen in Form eines aufgespießten Granitblocks mit dürren Eisenfühlern darstellt. Wer seinen Besuch auf dem Erlebnispfad Freunden aus aller Welt kundtun möchte, kann an zwei Stellen ein Erinnerungsfoto mit Gruß in das weltweite Netz senden. Dieses findet sich wieder unter www.weinundstein.net.

Erste Tankstelle der Welt

Freunde nostalgischer Automobile treffen sich regelmäßig in Ladenburg im →*Automuseum Dr. Carl Benz*, um an ein Ereignis zu erinnern, das als die erste motorisierte Fernfahrt der Welt in die Geschichte eingegangen ist. Die touristische Oldtimerausfahrt startet in Mannheim und führt über die Bergstraße durch Heidelberg bis nach Pforzheim, um von dort einige Tage später über Bruchsal und Schwetzingen zurück nach Mannheim zu gelangen. Es ist die Strecke, zu der Bertha Benz (1849–1944) am 5. August 1888 gemeinsam mit ihren beiden Söhnen Richard und Eugen aufgebrochen ist,

Ein Denkmal erinnert an den Moment, als Bertha Benz und ihre Söhne vor der Stadtapotheke von Wiesloch zum „Tanken" vorgefahren sind.

um zu ihrer Mutter zu fahren. Als Verkehrsmittel diente der „Benz Patent-Motorwagen Typ III“ (1 Zylinder, 2,5 PS), das erste benzinbetriebene Fahrzeug, das auf dem Markt angeboten wurde. Seit 2008 ist die insgesamt 180 km lange „Bertha Benz Memorial Route“ offiziell ausgeschildert. Das Interesse an dem dreirädrigen Fahrzeug, das ihr Ehemann Dr. Carl

Ein baugleicher Typ des legendären „Benz Patent-Motorwagen Typ III“ ist im Automuseum Dr. Carl Benz in Ladenburg ausgestellt.

Seit 1988 finden alle zwei Jahre Oldtimerfahrten auf der Bertha Benz Memorial Route statt.

Benz (1844–1929) 1885 als Patent angemeldet hatte, war bis zu der legendären Ausfahrt gering. Die Fahrt nach Pforzheim war ein gewagtes Manöver und zugleich eine Werbetour für die weiterentwickelte Erfindung, die dieser schließlich zum wirtschaftlichen Erfolg verhalf. Für die 90 km benötigte sie fast auf die Minute genau 13 Stunden.

In Wiesloch mussten die Ausflügler das erste Mal Treibstoff besorgen. Tankstellen, wie sie heute selbstverständlich sind, gab es natürlich noch nicht. Also betrat Bertha Benz die Stadtapotheke, um das Leichtbenzin Ligroin zu kaufen. An diesen Moment erinnert ein Denkmal vor der Apotheke, das der Wieslocher Künstler Pit Elsasser geschaffen hat. Die Stadtapotheke von Wiesloch trägt seitdem den stolzen Titel „Erste Tankstelle der Welt“.

Exotenwald Weinheim

Nicht nur Botaniker fühlen sich in Weinheims „Grünen Meilen" wie im Paradies. Der Exotenwald, wie der Berghang zwischen dem →*Schlosspark und Hermannshof*, Müllheimer Tal und Bannwald genannt wird, beherbergt auf rund 60 ha über 170 Baumarten aus aller Welt. Diese Ansammlung exotischer Gehölze, auch Arboretum genannt, lässt sich am besten auf einem der drei verschieden langen Rundwege (2,4 bis 4,4 km) erkunden. Ins Auge stechen besonders die teils über 60 m hohen Riesenmammutbäume. Auch Götterbäume, chilenische Andentannen, nordamerikanische und japanische Magnolienbäume oder kalifornische Flusszedern machen auf sich aufmerksam. Nicht minder außergewöhnlich wohl fühlt sich in dem milden Klima der Bergstraße ein 1932 gepflanzter japanischer Katsurabaum ebenso wie die Zottelrinden- oder Schuppenrinden-

Was im Zoo Elefanten sind, sind Mammutbäume für den Exotenwald.

Die Früchte des im Osten der USA beheimaten Hickorynussbaums sind essbar.

Hickory. Der ganzjährig geöffnete Park wurde von Freiherr Christian Friedrich Gustav von Borckheim (1817–1889) ab 1872 auf einem eigens zu diesem Zweck angekauften Gelände systematisch angelegt. Bereits zu jener Zeit blühte der Handel mit exotischen Topfpflanzen, die von Spezialbaumschulen in Orleans, Gent und Exeter bei London bezogen wurden. Seit 1955 liegt der Exotenwald in der Obhut der Landesforstverwaltung Baden-Württemberg, die ihn – bei freiem Eintritt – ganzjährig geöffnet hält.

Fraa vun Bensem

An Berühmtheit kann sie mit anderen Persönlichkeiten nicht mithalten, denen an der Bergstraße ein Denkmal gesetzt wurde. Sei es Martin Buber (1878–1965), der von 1916 bis zu seiner Emigration 1938 nach Palästina mit seiner Familie in Heppenheim *(→Jüdische Spuren)* wohnte, oder Reichspräsident Friedrich Ebert (1871–1925), dessen Geburtshaus in Heidelberg *(→Heidelberger Altstadt)* steht. Vielleicht ist es aber auch gerade ihre Namenlosigkeit, weshalb die Einwohner von Bensheim stolz sind auf die „Fraa vun Bensem", die seit 1935 grimmig von der Mitte eines Brunnens herabblickt, aus dem unter ihr vier Landsknechtsmasken das Wasser in Bewegung halten. An die einfache Frau aus dem Volk erinnert nicht nur ein Denkmal an der Stelle der früheren Stadtmühle. Auch ein Wagen auf dem alljährlichen Winzerfestumzug ist ihr gewidmet.

Der Überlieferung nach ist es ihrer List zu verdanken, dass die Stadt von der Besetzung durch französische und schwedische Truppen während des Dreißigjährigen Kriegs befreit werden konnte. Auf einem Geheimweg soll sie am 2. Dezember 1644 die bayerischen Garnisonen unbemerkt in die Stadt geführt haben, die die Eindringlinge daraufhin vertreiben konnten. Dies prägte den über die Stadtgrenzen hinaus bekannten Ausspruch „Hinnerum, wie die Fraa vun Bensem" (Hintenherum ...).

Zur Erinnerung an die Befreiung der Stadt blickt seit 1935 die von dem Auerbacher Künstler Tilmann Zobel gestaltete Tonfigur der „Fraa vun Bensem" vom gemauerten Sockel eines Brunnens herab.

Geo-Naturpark Bergstraße-Odenwald

Wie sehr Bergstraße und Odenwald trotz ihrer Gegensätze eine Einheit bilden, unterstreicht am besten der Naturpark Bergstraße-Odenwald, dem 2002 der Status als nationaler und europäischer Geopark zuerkannt wurde.

In Lorsch, am Stammsitz des Geo-Naturparks, erinnert ein Freundschaftsstein an den 2007 geschlossenen Kooperationsvertrag mit dem Geopark Mt. Lushan in China.

Zwei Jahre später folgte die Aufnahme in das Global Network of Geoparks der UNESCO. Die Anerkennung als Naturpark geht bereits in die Sechzigerjahre des vergangenen Jahrhunderts zurück. Auf einer Fläche von 3500 km² genießt die Region in ihrer West-Ost-Ausdehnung vom Rhein bis zum Main und in ihrer Nord-Süd-Ausdehnung von Darmstadt bis Heidelberg einen besonderen Status, der weltweit bisher nur 87 Mal vergeben wurde.

Die Region präsentiert sich unter dem Motto „Granit und Sandstein – Kontinente in Bewegung". Am Beispiel besonderer Orte wie etwa der Grube Messel, dem Felsenmeer Reichenbach im Lautertal oder der Eberstadter Tropfsteinhöhle bei Buchen werden 500 Millionen Jahre bewegter Erdgeschichte sichtbar. So bewahren die roten Felswände des Buntsandsteins die Spuren ehemaliger Flusslandschaften; im kristallinen →*Odenwald* trifft der Besucher auf Gesteine, die einst kilometertief in der Erde beim Zusammenprall zweier Urkontinente entstanden sind. Etliche Eingangstore und Infozentren bieten Einblicke in die geologische und kulturelle Vergangenheit und machen auf über 30

Nicht nur die zahlreichen Aussichtspunkte von einem der Berggipfel über die weite Tallandschaft, sondern auch die umgekehrte Perspektive von der Bergstraße auf die Odenwaldhänge ist ein Genuss.

Geopark-Pfade und Geopunkte sowie auf 15 000 km markierte Wanderwege aufmerksam. Geopark-Ranger bringen Kindern wie Erwachsenen im Rahmen zahlreicher Veranstaltungen und geführter Wanderungen die Region näher. Im globalen Geopark-Netzwerk pflegt der Geo-Naturpark Bergstraße-Odenwald eine Partnerschaft mit den Geoparks Mt. Lushan und Hongkong in der Volksrepublik China.

Auch die Schildkröten vom Bruchsee
bei Heppenheim wissen ein Sonnenbad
zu schätzen.

Gerberbachviertel Weinheim

Im Anschluss an einen Bummel durch die Altstadt von Weinheim ist es eine Gaumen- und Augenweide, sich auf dem Marktplatz im Schatten der japanischen Schnurbäume in einem der Straßencafés auszuruhen. Der Blick schweift von der 1913 erbauten Laurentius-Kirche am oberen Ende zum Alten Rathaus von 1557 und zur 1731 fertiggestellten evangelischen Stadtkirche. Wer der zentral verlaufenden Hauptstraße nach Süden hin folgt, taucht in ein Viertel mit liebevoll restaurierten fränkischen Fachwerkhäusern ein.

Blick auf die Altstadt mit der Laurentiuskirche und dem Marktplatz in der Mitte

Das Gerberzeichen besteht aus zwei gekreuzten Schabeisen. Hinter diesen Mauern in der Gerbergasse wurde Pfarrer Georg Friedrich Schlatter (1799–1875) geboren, der 1849 als Alterspräsident die badische Konstituierende Landesversammlung geleitet hat.

Fachwerkhäuser, kleine Gassen und schmale Treppenwege prägen das Bild vom Gerberbachviertel in der Altstadt von Weinheim.

Hier wurde von der Mitte des 13. bis Anfang des 20. Jahrhunderts eine alte Handwerkskunst gepflegt, was zur Bezeichnung Gerberbachviertel für diesen Teil der Altstadt geführt hat. Zwischen verwinkelten Häusern und entlang schmaler Gassen schlängelt sich der Grundelbach, der bereits 1381 als „Gerberbach" beschrieben wurde. Als Blütezeit der Weinheimer Gerberzunft geben die Stadtarchivare das 15. und 16. Jahrhundert an.

Von den 21 Lohgerbern Ende des 18. Jahrhunderts waren 100 Jahre später nur noch zwei übrig geblieben. Die auf Kalbsleder spezialisierte Firma Freudenberg *(→Schlosspark und Hermannshof Weinheim)* galt in den Dreißigerjahren des vergangenen Jahrhunderts als eine der größten Gerbereien Europas und machte sich international einen Namen als Lieferant für exklusive Markenschuhe.

Großer Markt Heppenheim

Wie die Arme eines Oktopus breiten sich die Gassen vom großen Markt kommend in der Altstadt von Heppenheim aus. Zwei- bis dreigeschossige Fachwerkhäuser begrenzen den Mittelpunkt des historischen Teils der Bergsträßer Kreisstadt, in dessen Mitte der Marktbrunnen mit einer 1755 aus Sandstein gefertigten Marienfigur steht. Ein halbes Jahrhundert älter ist das heute noch diesem Zweck dienende Rathaus, dessen Turm nach einem Brand 1958 wiederhergestellt wurde und seitdem mit einem Glockenspiel erfreut. Wie ein Großteil der Altstadt war auch der Vorgängerbau des Rathauses (erbaut 1551) beim Stadtbrand von 1693 den Flammen zum Opfer gefallen.

In Erinnerung an die Lehrzeit von Justus von Liebig trägt dieses Fachwerkhaus heute den Beinamen Justus-Liebig-Apotheke.

Gegenüber erinnert die ehemalige Liebig-Apotheke an die Zeit, als Justus von Liebig (1803–1873) 1817/18 hier zehn Monate seiner Lehrzeit verbrachte. Mit einem großen Namen in Verbindung steht auch das Haus Großer Markt 8. Es ist das Geburtshaus von Margarethe Berg, der Großmutter mütterlicherseits von Fürstin Gracia Patricia von Monaco. Äußerlich gar nicht wie ein typisches Schloss daher kommt das Gebäude in der Schulgasse, das heute die Schlossschule beherbergt. Der Funktionsbau geht auf den letzten Burggrafen Freiherr von und zu Hees zurück, der hier um 1700 ein Stadtschloss errichten ließ. Im 14. Jahrhundert entstand der Kurmainzer Amtshof, den die Mainzer Erzbischöfe als Verwaltungsgebäude nutz-

Das barocke Fachwerkrathaus von 1705/06 und der Ende des 17. Jahrhunderts entstandene Marktbrunnen bilden den Mittelpunkt der historischen Altstadt.

ten. Als religiöses Zentrum trägt die katholische Pfarrkirche St. Peter nicht zu Unrecht den Beinamen →*„Dom der Bergstraße"*. In die Sagenwelt Hessens entführt der →*Laternenweg Heppenheim*.

Heidelberger Altstadt

Insbesondere für Besucher aus Übersee und Asien ist Heidelberg der Inbegriff einer romantisch anmutenden deutschen Stadt, die sich modern gibt und zugleich den Eindruck erweckt, die Zeit sei stehen geblieben. Vergleichbare Städte mit geschichtsträchtigem Ruf, einem geschlossenen Altstadtbild und kulturellen Überlieferungen haben es schwer, an Bekanntheit und Beliebtheit mitzuhalten. Dies, obwohl die Wurzeln Heidelbergs bei Weitem nicht so weit zurückreichen wie beispielsweise die von Köln, Mainz, Trier oder Xanten, die bereits vor unserer Zeitrechnung gegründet wurden. Die erste urkundliche Erwähnung von „Heidelberch" erfolgte 1196. Einzelne Stadtteile dagegen haben bereits viele Jahrhunderte zuvor Geschichte geschrieben, die bis heute sichtbare Spuren hinterlassen hat *(→Tiefburg* und *St.-Vitus-Kirche Handschuhsheim)*.

Die Stadt am Neckar *(→Alte Brücke Heidelberg)* trumpft vielmehr mit einem nahezu lückenlos geschlossenen Altstadtbild und der längsten Fußgängerzone Deutschlands auf. Seit 1978, mit Ende einer sechs Jahre währenden Altstadtsanierung, gehört der motorisierte Straßenverkehr auf der 1,6 km langen Hauptstraße und einer Vielzahl von Seiten- und Nebenstraßen der Vergangenheit an. Allein 3,5 Millionen Touristen zieht es jedes Jahr auf die Plätze und

Zehn Jahre nach den verheerenden Zerstörungen wurde 1701 mit dem Wiederaufbau des Rathauses begonnen. Davor lädt der ebenso alte Herkulesbrunnen zum Verweilen ein.

in die Gassen der Altstadt, um in Restaurants, Straßencafés und Studentenkneipen einzukehren sowie das reichhaltige Angebot des Einzelhandels zu genießen.
Dicht aneinander reihen sich barocke Altbauten, die nach den verheerenden Verwüstungen im Pfälzischen Erbfolgekrieg (1688–1697) an die Stelle mittelalterlicher Fachwerkbauten getreten sind. Als Teilruine verkörpert das →*Heidelberger Schloss* bis in die heutige Zeit den größten Schmerz in der Stadtgeschichte. In das Jahr 1386 reicht die älteste Universität Deutschlands zurück, die Ruprecht-Karls-Universität. Sie trägt den Namen ihres Gründers, des pfälzischen Kurfürsten Ruprecht I. (1309–1390), der am 23. Oktober 1385 das Gründungsprivileg von Papst Urban VI. erhielt.

Die um 1900 im Jugendstil erbaute Stadthalle besticht durch ihre zahlreichen Ornamente, Verzierungen und Figuren.

Den Grundstein für die gotische Heiliggeistkirche, die die Altstadt überragt, ließ Kurfürst Ruprecht III. 1398 legen.

Heidelberger Schloss

Hoch über der Stadt, umgeben von einem dichten Mischwald, thront das Heidelberger Schloss über der Stadt am Neckar. Dem Betrachter bietet sich der schönste Anblick auf den Felsvorsprung Jettenbühl von der gegenüber liegenden Uferseite, nördlich der →*Alten Brücke*. Wer gut zu Fuß ist, sollte unbedingt den steilen Anstieg hinauf zum →*Philosophenweg* wählen, der mit einem herrlichen Blick auf die Stadt belohnt wird. Besucher aus aller Welt kennen zumindest dem Namen und Fotomotiven nach das Heidelberger Schloss, das bei der Aufzählung der bekanntesten Schlösser von Deutschland mit Neuschwanstein oder Sanssouci in Potsdam problemlos mithalten kann. Über Jahrhunderte hinweg residierte das Adelsgeschlecht der Wittelsbacher in Heidelberg, bis 1803 durch die Zuordnung zum Großherzogtum Baden die Epoche als Hauptstadt der Kurpfalz beendet wurde.

Glanz und Zerstörung prägen das Bild des Heidelberger Schlosses, dessen Wiederaufbau 1764 aufgegeben wurde. Ein Blitzschlag hatte ein Großfeuer entzündet.

Reichlich verziert, doch nur noch als Fassade vorhanden, präsentiert sich der Ottheinrichbau mit dem früheren Glockenturm.

Dabei besticht die zwischen 1400 und 1620 kontinuierlich ausgebaute Schlossanlage nicht durch architektonische Spitzenleistungen. Vielleicht beeindruckt gerade die uneinheitliche Komposition der nach Westen und Süden hin von gotischen Bauelementen dominierten Bauweise, die im Gegensatz zu den prunkvollen, reichlich von Ornamenten verzierten Renaissance- und frühen Barockpalästen auf der Nord- und Ostseite steht. Seinen Charme verdankt der Sandsteinkomplex zusätzlich den gerippenhaften Gebäudefronten mit ihren leeren Fensterhöhlen und einem aufgebrochenen Turm – Zeichen großer Zerstörungen während des Pfälzischen Erbfolgekriegs von 1689 und durch einen Großbrand von 1764. Ein beliebtes Fotomotiv ist das mit einem Fassungsvermögen von 221 726 l angeblich größte je mit Wein gefüllte Holzfass der Welt. Wer den steilen Fußweg hinauf zum Schloss scheut, sucht unweit der →*Heidelberger Altstadt* die Bahnstation am Kornmarkt auf, um dank einer modernen Bergbahn nach wenigen Minuten vor dem Eingang stehen zu können. Ein Erlebnis ist die Weiterfahrt in einem über 100 Jahre alten Bahnwaggon ab der Station Molkenkur auf den 568 m hohen Hausberg →*Königstuhl.*

Heiligenberg

Erzählen die leider größtenteils zerstörten Burgen auf den Bergkuppen des →*Odenwalds* von den Adelsgeschlechtern und vom Einflussbereich des →*Klosters Lorsch*, macht der Heiligenberg am nördlichen Stadtrand von Heidelberg eine bemerkenswerte Ausnahme (nicht zu verwechseln mit →*Schloss Heiligenberg* bei Seeheim-Jugenheim). Besonders für archäologisch interessierte Besucher gibt es hier auf engstem Raum Spuren zu entdecken, die von der Jungsteinzeit bis in den Germanisierungswahn des Dritten Reichs 1934/35 reichen.

Zu erreichen ist der 439,9 m hohe

Schon nach wenigen Propagandaveranstaltungen wurde die „Thingstätte" sich selbst überlassen. Die Nationalsozialisten hatten den Rundfunk als neues Medium der Massenindoktrination entdeckt.

Um 200 v. Chr. verließen die Römer den keltischen Siedlungspunkt und siedelten am Neckar an, um das spätere Ladenburg zu gründen.

Berg, der mit dem gegenüberliegenden →*Königstuhl* den südwestlichsten Punkt des Buntsandstein-Odenwalds bildet, über die Stadtteile Neuenheim und Handschuhsheim *(→St.-Vitus-Kirche und Tiefburg Handschuhsheim)*. Entlang des inneren keltischen Ringwalls führt ein gut 2 km langer Rundwanderweg zu Fundstätten, die von der Eisenverarbeitung einer keltischen Höhensiedlung 480–280 v. Chr. ebenso erzählen wie von der Verehrung der Götter Jupiter und Mercurius, als zwischen 270 und 80 v. Chr. auf dem Berggipfel ein römischer Tempelbezirk stand.

Eine andere Epoche läuteten die 1023 erfolgte Gründung des St. Michaelsklosters unter Abt Reginbald sowie die 1094 erfolgte zweite Klostergründung St. Stephan auf dem Aberinesberg ein, wie der Berg in der karolingischen Zeit genannt wurde. Unweit der Klosterruine St. Michael mit ihrem römischen Tempel ragt auf einer Anhöhe die Freilichtbühne „Thingstätte" empor, die vom damaligen „freiwilligen Arbeitsdienst" 1935 nach den Plänen des Karlsruher Architekten Hermann Alker (1885–1967) errichtet wurde. An Größe konnte die dem griechischen Theater nachempfundene Anlage mit ihrem Vorbild, der Berliner Waldbühne, nicht mithalten. Wo heute zu akrobatischen Aufführungen auf 56 Zuschauerreihen rund 8000 Menschen Platz finden, drängten sich bei der Eröffnung am 22. Juni 1935 immerhin rund 20 000 Besucher aneinander. Der Grund: Kein Geringerer als Propagandaminister Joseph Goebbels hatte sein Kommen angesagt, um dem „monumentalen Bau" eine große Zukunft an „kultischen Spielen" vorauszusagen.

Hessisches Ried

Wie die Gebirgszüge des →*Odenwalds* im Osten eine natürliche Grenze bilden, als so schwer passierbar erwies sich einst auch der Landstrich westlich der Bergstraße. Das Hessische Ried ist Teil der etwa 300 km langen Oberrheinischen Tiefebene, die von der Wetterau nördlich von Frankfurt bis nach Basel reicht. Der tief in die Erdkruste reichende Grabenbruch hat ein sumpfiges und von Überschwemmungen geprägtes Flachland hinterlassen.

Erst die Regulierung von Rhein und der aus dem Odenwald zufließenden Weschnitz machte das Ried zu einem fruchtbaren Ackerland, das sich besonders durch Spargel- und Tabakanbau hervorgetan hat. Während Letzterer im globalisierten Wettbewerb auf der Strecke blieb *(→Lorscher Tabakgeschichte)*, prägen die großen Spargelfelder heute das Landschaftsbild zwischen Groß Gerau im Norden und den Vorstädten des Rhein-Neckar-Ballungsraums. Dennoch sind Röhricht und Schilfgewächse nicht völlig verschwunden. Das bemerkenswerteste unter den Naturschutzgebieten, das Europareservat „Kühkopf Knoblochsaue" am Altrhein bei Gernsheim, bietet seit 1952 auf 24 km^2 eine Heimat für seltene Pflanzen, Vogel- und Reptilienarten. Einen Besuch wert ist auch das →*Naturschutzzentrum Bergstraße* zwischen Bensheim und Lorsch. Für die frühe Besiedlung der Region steht das →*Kloster Lorsch* mit der Torhalle als eines der seltenen karolingischen Baudenkmäler, das 774 im Beisein von Kaiser Karl dem Großen geweiht wurde.

Im Frühjahr haben die Verkaufsbuden mit Spargel und Erdbeeren aus dem Ried Hochkonjunktur.

Indoor-Kartbahn Hemsbach

Schon der mehrfache Formel-1-Weltmeister Sebastian Vettel hat hier seine Runden gedreht. Das ist lange her.

Und doch ist man in der Indoor-Kartbahn in Hemsbach stolz darauf, dass der schnellste Mann der Welt als kleiner Junge mit seinem Opa bald nach der Eröffnung 1995 zu den ersten Gästen zählte. Längst werden auf der 500 m langen kurvenreichen Strecke jeden Monat Rennen gefahren – und natürlich Sieger geehrt.

Auch zu Übungszwecken erfüllen die gemessenen Rundenzeiten ihren Zweck, die auf der großen Anzeigentafel in der Halle und auf einer zweiten im darüberliegenden Zuschauerraum zu sehen sind. Von einer gläsernen Trennwand abgeschirmt, können die Gäste es sich auch im Bistro gut gehen lassen, ohne das Renngeschehen aus den Augen zu verlieren. Nach einer kurzen Einweisung heißt es Helm auf und los geht's. Auf der Indoor Superkart können Kinder ab sechs Jahren ihren Spaß haben und Papa beim Überholmanöver zeigen, was in ihnen steckt. Die Indoor-Kartbahn liegt im Gewerbegebiet, unweit der Autobahnausfahrt Hemsbach.

Auch Weltmeister Sebastian Vettel hat hier als kleiner Junge seine ersten Runden gedreht.

Jagdschloss Bickenbach

Mit nur einigen Tausend Einwohnern zählt der Ort Bickenbach zu den kleinsten an der Bergstraße. Die Ersterwähnung als „Bicchumbach" reicht in das Jahr 874 und zum Lorscher Codex zurück, was sich auch über Jahrhunderte hinweg in einer engen Beziehung zum →*Kloster Lorsch* widerspiegelte. In der Folge von wechselnden Herrschaftsansprüchen seit Ende des 15. Jahrhunderts verkauften die Grafen von Erbach 1714 das Dorf an die Landgrafen von Hessen-Darmstadt.

Es war die Zeit der Parforcejagd, der Meutejagd zu Pferde, die 1709 Landgraf Ernst Ludwig einführte und damit einen wahren Bauboom an Jagdschlössern in seinem Herrschaftsgebiet auslöste. Als Jagdschloss diente das 1720 erbaute Anwesen im Ortskern allerdings nur gut vier Jahrzehnte, bis 1768 die Parforcejagd verboten wurde. Es folgten Jahre der Nutzung als Militärlazarett und Unterkunft für eine Garnison, später als Thurn-und-Taxis-Poststation. Heute dient das frühere Jagdschloss als Rathaus und Bücherei.

Der Nutzung als Rathaus und Bücherei ging eine längere Renovierungszeit voraus, die 1996 abgeschlossen werden konnte.

Jüdische Spuren

Der Wormser Rabbiner Abraham Samuel ben Isaak Bacharach (1575–1615) und Martin Buber (1878–1965) sind nur zwei der bekanntesten Namen mit Bergsträßer Wurzeln in der jüdischen Religionsgeschichte. Fand der Oberrabbiner von Worms infolge seiner Flucht vor dem Wormser Judenpogrom in Gernsheim am 2. Mai 1615 den Tod, gelang dem jüdischen Religionsphilosophen und Bibelübersetzer Martin Buber mit seiner Familie im März 1938 noch rechtzeitig die Emigration nach Jerusalem. Engagierten Bürgern ist es zu verdanken, dass das Wohnhaus in der Werlestraße von Heppenheim heute den Schutz als Kulturdenkmal genießt.

Das Grab des Oberrabbiners aus Worms ist eines von 2128, die die Kommission für die Geschichte der Juden in Hessen für den Jüdischen Friedhof von Alsbach-Hähnlein angibt. Die Beisetzung des hoch geachteten Mannes führte dazu, dass sich Juden aus 14 südhessischen Synagogengemeinden auf demselben Friedhof bestatten ließen.

In das Jahr 1674 reicht die Entstehung des jüdischen Friedhofs von Hemsbach zurück, der sich mit der Gründung eines Begräbnisvereins 1716 zum zentralen Friedhof von Juden aus allen Städten und Gemeinden nördlich von Heidelberg entwickelte. Erhalten sind heute noch 1066 Grabsteine; der älteste noch lesbare trägt die Jahreszahl 1682. Beide Friedhöfe sind verschlossen und von Mauern und Zäunen umgeben.

Seit 1979 hat der Internationale Rat der Christen und Juden (ICCJ) seinen Sitz im Martin-Buber-Haus in Heppenheim.

Der Zutritt ist nur unter vorheriger Anmeldung bei den Gemeindeverwaltungen möglich. 1874 wurde in Schriesheim ein jüdischer Friedhof angelegt, von dem noch 48 Grabsteine erhalten geblieben sind. 96 Gräber zählt der Friedhof von Ladenburg, der 1849 entstanden ist.

Der jüdische Friedhof von Hemsbach liegt zwischen Mühlweg und Oberem Mühlweg am Hang des Odenwalds.

Wie auch in anderen Städten, erinnert in Bensheim ein Mahnmal an die in der Pogromnacht 1938 niedergebrannte Synagoge aus dem Jahr 1892. Einer bereits zweckentfremdeten Nutzung unterlag das Gotteshaus in Bensheim-Auerbach. Heute kümmert sich der Synagogenverein um das kulturelle Erbe des Gebäudes. Ähnlich verhält es sich in Hirschberg, wo im Sommer die →*Villa Rustica* (Ortsteil Großsachsen) sowie die „Alte Synagoge" (Leutershausen) als Schauplatz von klassischen Konzerten dienen. In Heidelberg wurde 1994 in der Weststadt auf dem historischen Grund der früheren Villa Julius, die bis zu ihrem Abriss 1977 als jüdisches Altersheim und Beetsaal diente, ein neues jüdisches Gotteshaus errichtet.

Zu „Musik in historischen Mauern" lädt im Sommer die Gemeinde Hirschberg in die ehemalige Synagoge von Leutershausen ein.

Jugendstilstadt Darmstadt

Mit dem Stadtteil Eberstadt im Süden markiert Darmstadt den nördlichsten Punkt der Bergstraße. Als optische Wegemarkierung wird gerne die →*Burgruine Frankenstein* angegeben, die östlich der Bergstraße auf dem 370 m hohem Langenberg steht. Von 1914 bis 1945 Hauptstadt des Volksstaates Hessen, hat Darmstadt dank seiner Größe und zentralen Lage auch in der Zeit danach nichts von seiner Bedeutung als Behördenzentrum für den südhessischen Raum eingebüßt. Dem Sitz der Gesellschaft für Schwerionenforschung, dem Fraunhofer Institut,

Der Hochzeitsturm, der Dachkonstruktion wegen auch „Fünffingerturm" genannt, und die Russische Kapelle prägen das Bild der von Jugendstilbauten und einem Platanenhain bestimmten Mathildenhöhe.

dem europäischen Raumflugkontrollzentrum ESOC und nicht zuletzt der Technischen Universität und den Fachhochschulen ist es zu verdanken, dass die Stadt seit 1997 den Titel „Wissenschaftsstadt" tragen darf.
Einen Namen hat die Stadt auch als Zentrum der Jugendstil-Architektur, was besonders die Mathildenhöhe als künstlerischen Anziehungspunkt aufwertete. Als Wahrzeichen dient der 1908 von Joseph Maria Olbrich erbaute Hochzeitsturm, den die Stadt anlässlich der zweiten Heirat von Großherzog Ernst Ludwig (1868–1937) mit Eleonore von Solms-Hohensolms-Lich errichten ließ. Unweit davon wurde 1897 auf eigens dafür herangeschafftem russischen Boden im Beisein von europäischen Adelsmitgliedern der Grundstein für die Russische Kapelle gelegt. Sie diente nur wenige Jahre, bis zum Kriegsausbruch 1914, der Darmstädter Prinzessin Alexandra und ihrem Ehegatten Zarewitsch Nikolaus II. als Privatkapelle zu Besuchszwecken. Die Verleihung der Stadtrechte geht auf das Jahr 1330 zurück. 1479 endete die Herrschaft der Katzenelnbogener Grafen, an deren Stelle die Landgrafen von Hessen traten.

Seit August 1844 schaut der einstige Landgraf Ludwig I. aus über 39 m auf das Zentrum der Stadt, das zu Ehren seiner Ehefrau den Namen Luisenplatz trägt. Die über 5 m hohe Bronzestatue wiegt 5,4 to.

Buchtipp: Anja Spangenberg, Kleines Darmstadt-ABC, Husum Verlag, Husum

Kletterhalle Bensheim

Nicht nur im Innenbereich der Kletterhalle „High Moves" kommen Kletterfreunde auf ihre Kosten. Von der einfachen Plattenkletterei bis zum anspruchsvollen Dachklettern stehen über 1000 m² Kletterfläche auf Höhen bis zu 13 m zur Verfügung. Die Kletterhalle in Bensheim bietet auch im Außenbereich abwechslungsreiche Routen mit bis zu 30 m in unterschiedlichen Schwierigkeitsgraden.
Ganz Mutige wagen den Aufstieg über den Kletterbaum. Auf einer Strecke von 40 m lädt der Indoor-Hochseilgarten zur Überwindung von zehn unterschiedlichen Hindernissen ein. Wer seine Geschicklichkeit ohne Seil und Karabiner unter Beweis stellen will, ist im vier Meter hohen Boulderraum genau richtig. Kletterkurse und ein Shop für die richtige Ausrüstung runden das Angebot ab.

Kletterfreunde können unter einer großen Auswahl an Flächen mit unterschiedlichen Schwierigkeitsgraden wählen.

Kloster Lorsch

Natürlich verrät die fast 4 m hohe und 470 m lange Mauer am Stadtrand von Lorsch, dass sich dahinter etwas Besonders verbirgt. Doch enttäuscht darüber zu sein, was sich beim Betreten der rund 24 000 m² großen Parkanlage sonst noch neben dem Kräutergarten bietet, wäre ungerecht und allzu vorschnell geurteilt. Bedauerlicherweise erinnern nur noch auffällig wenige Gebäude oder deren Reste an die einstige Bedeutung des ehemaligen Benediktinerklosters, das auf einem Sandhügel errichtet wurde. Über die Entstehung ist nichts bekannt, was auch auf den Baumeister zutrifft. Die offizielle Geschichtsschreibung von 764 fällt in die Zeit, in der die karolingischen Könige und Kaiser sich als Erben des römischen Kaiserreichs gesehen haben. Als wahrer Augenschmaus erweist sich schließlich die am besten erhaltene Tor- oder Königshalle, die dem Marktplatz zugewandt ist. Von dem gleich dahinter liegenden Kirchenbau konnte sich der größten Verwüstung im 17. Jahrhundert nur das Mittelschiff aus dem 12. Jahrhundert erwehren.

Die Gründung wird dem fränkischen Gaugrafen Cancor und seiner Mutter Williswinth zugeordnet. Bereits im

Die Tor- oder Königshalle zählt zu den erhaltenen architektonischen Beispielen der frühmittelalterlichen Epoche aus der Zeit der Karolinger.

Die Besichtigung des Obergeschosses der Königshalle und des Lapidariums im Kirchenrest (Foto) ist nur im Rahmen einer angemeldeten Führung möglich.

Der Kräutergarten ist dem dichtenden Benediktinerabt Walahfrid Strabo (808–849) gewidmet.

Jahr darauf legte Papst Paul I. mit der Schenkung der Gebeine des heiligen Nazarius an Abt Chrodegang von Metz (um 715–766) den Grundstein für eine rasante Entwicklung, die 800 Jahre Klostergeschichte schreiben sollte. Einsetzende Pilgerströme und die Anwesenheit von Kaiser Karl dem Großen bei der Weihung der Klosterkirche 774 unterstützten Lorsch auf dem Weg zu einem der mächtigsten Reichsklöster.

Einen Blick in die spannende Geschichte des UNESCO-Welterbes, die durch Grabungen und Restaurierungen immer wieder umformuliert wird, wirft das Museumszentrum am Marktplatz, zugleich Schauplatz der →*Lorscher Tabakgeschichte*. Dem Radweg nach Bensheim folgend können nach nicht einmal einem Kilometer die Aufmauerungen der →*Klosterruine Altenmünster* besichtigt werden.

Klosterruine Altenmünster

Nur wenige hundert Meter entfernt von →*Kloster Lorsch* erinnern die größtenteils nachgebildeten Mauerzüge und Pflasterungen des Kirchgangs an eine ebenso alte Klosteranlage, die draußen vor den Toren der Stadt über Jahrhunderte hinweg in Vergessenheit geraten war. Die erste urkundliche Erwähnung von Kloster Altenmünster geht auf das Jahr 764 zurück, als der fränkische Gaugraf Cancor und seine Mutter Williswinth die Weschnitzinsel zum Standort des Klosters mit der Kirche St. Peter bestimmten. Bereits ein Jahr darauf sei das beengte Areal mit der Schenkung der Gebeine des heiligen Nazarius durch Papst Paul I. dem Zustrom an Gläubigen nicht mehr gewachsen ge-

Über Jahrhunderte hinweg waren die Mauerreste unter Ackerschollen vergraben.

Mit der Restaurierung einher gingen die Aufmauerungen und die Pflasterung der Wege.

wesen. Abt Chrodegang von Metz ließ kurzerhand 600 m entfernt ein neues Kloster errichten.
Erst 1071 widmete Abt Udalrich sich dem verödeten Kloster und besetzte es mit einem Propst und mit Mönchen, was jedoch den Zerfallsprozess nur hinauszögern konnte. Es folgten Jahrhunderte, die, vom Zahn der Zeit bestimmt und von Steinräubern unterstützt, die Klosteranlage bis zur Unkenntlichkeit vernichteten. Bis auf die ersten Ausgrabungen 1882 ernsthafte archäologische Forschungen folgten, gingen erneut hundert Jahre ins Land. Abgeschlossen wurden die Restaurierungsarbeiten mit der Einweihung der Gedenkstätte durch Altabt Ohlmeyer vom Kloster Neuburg am 29. Juni 1985.

Königstuhl

Natürlich führen viele Wanderwege auf den Königstuhl, den Hausberg von Heidelberg. Der Aussichtspunkt im Südosten der Stadt markiert mit seinen 568 m gar den höchsten Punkt auf dem Neckarsteig, der am →*Heidelberger Schloss* seinen Anfang nimmt und nach 126,4 km in Bad Wimpfen endet.

Wer seine Kräfte für die folgenden Anstiege schonen oder einfach mal etwas anderes erleben möchte, begibt sich auf dem kürzesten, aber zugleich bequemsten Weg nach oben.

Am Kornmarkt unweit der →*Heidelberger Altstadt* steht die Bodenstation der Bergbahnstrecke, die seit dem 30. März 1890 vorwiegend den täglichen Touristenstrom zum Schloss hi-

Wie einst läutet der Zugführer die Abfahrt der historischen Bergbahn mit einem Klingelsignal ein. Die vier Kabinen fassen bis zu 50 Fahrgäste. Die gut 30 Prozent Steigung werden durch Treppen ausgeglichen.

nauf und wieder herunter befördert. In modernen Wagen dauert die Reise bis zur ersten Station, dem Schloss, trotz der Steigung von bis zu 38 Grad kaum mehr als zwei Minuten. Nach weiteren knapp 100 Höhenmetern folgt die Station Molkenkur, wo sich bis zum 19. Jahrhundert ein Kurort befand.

In die Zeit seiner Großeltern zurückversetzt fühlen darf sich der Fahrgast, der hier in die historische Bahn umsteigt. Mit einer Geschwindigkeit von 2 m in der Sekunde bewegen sich fast lautlos die vier alten Holzkabinen den steilen Berg hinauf. Auf dem oberen Abschnitt hat sich seit 1907, der Inbetriebnahme der auf 1020 m verlängerten Strecke bis zum Königstuhl, fast nichts verändert. Bereits ab der dritten Bahnstation bietet der Berg einen Ausblick, der weit über Heidelberg und das Neckartal hinausgeht. Zum Verweilen laden ein Ausflugslokal, die Falknerei „Tinnunculus" und der Freizeitpark „Heidelberger Märchenparadies" ein.

Von der Station Königstuhl reicht der Ausblick weit über Heidelberg hinaus.

Laternenweg Heppenheim

Die Laterne vom Geisterhund Melampus steht am oberen Ende eines Treppenaufgangs zur Pfarrkirche St. Peter.

Nachts, wenn die Dunkelheit den Gassen der Altstadt ihre Farbenpracht raubt, lenkt ihr gelblicher Schein den Blick auf die Sagenwelt von Hessen: Mit Scherenschnitten beklebt, widmen sich fast 50 magische Laternen gruseligen und romantischen Geschichten gleichermaßen, die sich in grauer Vorzeit zugetragen haben sollen. Angefangen hat es mit einem Künstlerprojekt anlässlich des Hessentags, der 2004 in Heppenheim stattgefunden hat. Waren es zunächst nur Sagen aus dem →*Odenwald,* wie die von den Kräuterfrauen am Wildweibchenstein bei Reichelsheim oder die Geschichte vom „Mordche" aus Heppenheim, hat der nordhessische Illustrator und Figurenspieler Albert Völkl den Laternenweg um den Alsfelder Hexenritt und andere Geschichten aus ganz Hessen auf rund 150 Motive erweitert.

Beginnend am →*Großen Markt* lädt der traditionell gekleidete Laternenführer regelmäßig zu Führungen im Auftrag der städtischen Touristinformation ein. Wer ihm Glauben schenkt, erfährt die Wahrheit über den Abdruck eines Menschen- und Bockfußes, welche auf dem Felsplateau im Bombach zu sehen sind. Von bewaffneten Weinbauern bedroht, rettete sich der Satan mit einem übermenschlichen Weitsprung von einem Felsen über die Schlucht zu einem anderen, der seither den Namen Teufelsstein trägt. Nicht fehlen darf der Geisterhund Melampus, ein getreuer Verteidiger der →*Burgruine Starkenburg*, der 1848 die Madonnenstatue der Schlosskapelle vor Aufrührern schützte.

Das Laternenlicht der Nacht ruft die alten Geschichten wieder in Erinnerung, wie die vom Magier aus Stettbach, der drei Ritter des Auerbacher Schlosses als Gerippe wahrgenommen haben soll.

Lobdengau-Museum Ladenburg

Auf vier Etagen entführt das Lobdengau-Museum, das seit 1968 im ehemaligen Schloss der Wormser Bischöfe untergebracht ist, seine Besucher nicht nur in die über 1900-jährige Geschichte der →*Römerstadt Ladenburg*. Mit einer Nachbildung des Unterkiefers des Homo erectus heidelbergensis, dessen Alter auf rund 600 000 Jahre geschätzt wird, sowie anderer urzeitlicher Funde steht die Menschheitsge-

Seit 1968 befindet sich das Lohdengau-Museum im ehemaligen Schloss der Wormser Bischöfe.

Das Betreten des Untergeschosses des Museums kommt einer Zeitreise in die Gründung der Stadt Ladenburg durch römische Truppen gleich.

schichte vorneweg. Spannend erzählen etliche Schautafeln die Grabungsgeschichte in der Stadt selbst, die Ladenburg zur ältesten deutschen Stadt rechts des Rheins machte. Kaiser Trajan verlieh 98 n. Chr. der Ansiedlung „Lopodunum" die Stadtrechte. 400 Jahre später wird „Lobdenburg" zur Hauptstadt des „Lobdengaus".

Im Römerkeller stechen das Sol-Mithras-Relief, das die beiden Götter beim Opfermahl darstellt, und eine Jupitersäule hervor. Zu den bedeutendsten Hortfunden zählt das römische Prunkportal von Ladenburg, das 1973 bei Bauarbeiten zum Gymnasium freigelegt wurde. Die kunstvoll ausgearbeiteten Bronzebeschläge stammen aus der Mitte des 2. Jahrhunderts. Ausgestellt sind zahlreiche Funde wie Waffen, Gebrauchsgegenstände, Münzen und Spiele, die bis zur Zerstörung der Stadt 260 n. Chr. durch die Alemannen das Leben prägten. Gemälde und Dokumente erzählen von 1000 Jahren Bischofssitz, zahlreichen Schlachten und der Eroberung der Stadt durch badische Aufständige im Revolutionsjahr 1849. Das Zweite Obergeschoss ist Alltags- und Brauchtumsgegenständen aus dem →*Odenwald* vorbehalten. Einen Namen gemacht hat sich die Bauernmalersippe Baier mit ihren „Vogelschränken".

Zwei Löwenköpfe und andere Schmuckstücke aus Bronze zieren das Römische Prunkportal, Teil des „Bronzeschatzes von Lopodunum".

Lorscher Tabakgeschichte

Zu Großvaters Zeiten und in vielen Generationen zuvor zählte die Tabakindustrie in der Gegend um Lorsch zur wichtigsten Einnahmequelle. Davon geblieben sind die Erinnerung und ein Tabakmuseum, das die Vergangenheit in der geschichtsträchtigen Stadt am Leben erhält. Im Museumszentrum am Marktplatz kommen neben den zahlreichen Funden zur Klostergeschichte *(→Kloster Lorsch)* auch der Tabakanbau, seine Ernte und Verarbeitung zur Geltung. Ausgestellt sind zahlreiche Objekte, von der Tabaks-

10 kg Tabak passen in die größte rauchbare Pfeife der Welt, die ein italienischer Pfeifenbauer 1985 aus 9000 Wurzelholzelementen des Erikastrauchs gefertigt hat.

Zum Trocknen wurde der frisch geerntete Tabak auf dünne Schnüre gefädelt und als „Bandeliere" aufgehängt.

dose bis zur größten rauchbaren Pfeife der Welt. Die Blütezeit des Tabakanbaus in der Region setzte nach Ende des Dreißigjährigen Kriegs (1618–1648) ein und endete 1983 mit der Schließung der letzten Zigarrenfabrik.
Kritisch betrachtet werden auch die Kinder- und Heimarbeit sowie die Tabakarbeiterbewegung, die sich zu Beginn der Industrialisierung formierte. Unter den berühmten Zigarrenrauchern dürfen Ludwig Erhard und Manfred Rommel nicht fehlen. Stolz ist die Zunft auf Christian Stock, der es vom Zigarrenarbeiter zum ersten Ministerpräsidenten des Landes Hessen (1946–1950) schaffte. Am Brunnen vor dem historischen Rathaus erinnert seit 1991 die Figur einer Tabaknäherin an das ausgestorbene Handwerk. Wer in der anderen Richtung den Ort verlässt, um die Ausgrabungen von →*Kloster Altenmünster* aufzusuchen, kommt auch an einem ehemaligen Tabaktrockenschuppen vorbei. Auch in Hirschberg-Großsachsen befand sich eine Tabakfabrik, die heute als Bürgerbüro dient.

Miramar Weinheim

Wer schon beim Eintauchen in das kühlende Nass in Tempo geraten möchte, hat die Wahl zwischen der Krokodil-, Reifen- oder Piratenrutsche, dem Grünen Hai oder dem Blauen Wal. Fans außergewöhnlicher Rutschen kommen beim Wellen-, Sauna- und Freizeitbad Miramar in Weinheim auf ihre Kosten. Sie springen in die Wellenbrandung oder lassen sich im warmen Wasser des Strömungskanals treiben. Kleine Badebesucher finden Abwechslung beim Planschen in der Dschungelbucht oder toben sich auf der Hüpfburg und dem riesigen Spielplatz aus. An Schwimmkursen kann teilnehmen, wer mindestens fünf Jahre alt ist.

Erwachsene finden Entspannung im Massagebad oder in einem der Edelsteinwhirlpools. Im Sommer locken die Liegewiesen am angrenzenden Waidsee-Strandbad. Mit 34° C bietet ein Solebecken im Außengelände angenehm warmes Wasser. In den Wintermonaten bereichert nach Einbruch der Dunkelheit eine Lasershow das Wellenbad mit einem Farbenspiel. Eine märchenhafte Erholung wie aus 1001 Nacht verspricht der osmanische Hamam, der mit seinem heißen Marmorstein für wohltuende Wärme steht. Mit südlichem Flair und Urlaubsgefühlen werben unterschiedliche Saunen, die Aromagrotte, das Caldarium und die Eis-Nebel-Grotte um die Gunst der Besucher. Das Mirabell-Restaurant und die Billabong-Bar laden rund um die Uhr mit Getränken und Speisen ein. Das Basinus-Bad in Bensheim verfügt über ein Naturbad mit einem 300 m langen Sandstrand.

Eintauchen und sich wohlfühlen verspricht ein Besuch in der Therme. Der Salz & Kristall-Therme ist eine Praxis für Physiotherapie angeschlossen.

Mountainbike-Strecken

Der großen zusammenhängenden Waldflächen sowie der topografischen Vielfalt und Naturbelassenheit wegen ist der →*Odenwald* nicht nur unter Wanderern sehr beliebt (→*Nibelungensteig)*. Fachleute des →*Geo-Naturparks Bergstraße-Odenwald* haben bereits rund 20 Strecken für Mountainbiker ausgewählt, erprobt und markiert. Am westlichen Rand des Mittel-

Mountainbiken im Odenwald und an seinen Westhängen an der Bergstraße wird immer beliebter.

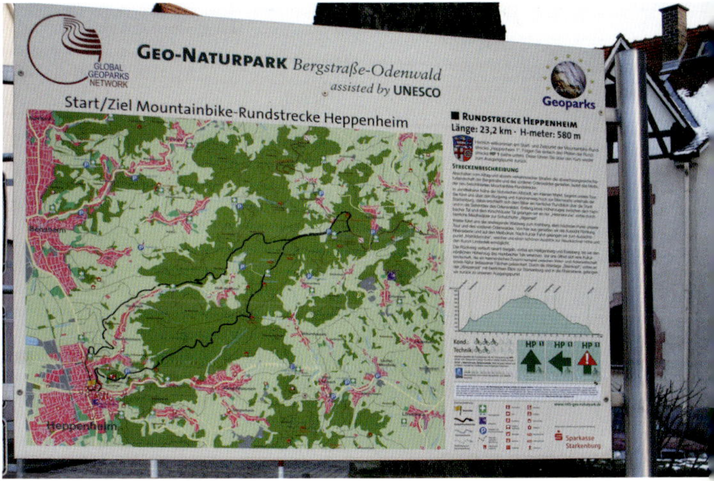

Streckenmarkierungen auf dem Niveau zertifizierter Wanderwege sollen verhindern, dass der Biker vom richtigen Weg abkommt.

gebirges besonders beliebt sind die Bergkämme oberhalb der Bergstraße, die dank ihrer Höhenunterschiede als anspruchsvoll gelten. Vom Startpunkt in Alsbach führt die 33 km lange Strecke der nördlichen Bergstraße (1100 Höhenmeter) durch das Hasselbachtal hinauf zum Hubertus-Schröder-Blick. Weiter geht es Richtung Seeheim-Jugendheim, wo die Route oberhalb des Lufthansa-Schulungszentrums zum Ober-Beerbacher Tal verläuft. Über die Kuralpe führt die Strecke über die Balkhäuser Brücke zum Gipfel des Melibokus (517,4 m) als höchstem Punkt. Bergab geht es über Zwingenberg, weiter entlang des Weinlagenwegs und wieder bergauf zum →*Alsbacher Schloss.* Die Strecke Bensheim (897 Höhenmeter) steuert den zweithöchsten Berg des Odenwalds von Süden her an. Gestartet wird am →*Staatspark Fürstenlager Bensheim-Auerbach*. Markanter Rast- und Aussichtspunkt der 23 km langen Strecke ist das →*Auerbacher Schloss*. Eine weitere, ebenfalls 23 km lange Route (580 Höhenmeter), führt vom →*Großen Markt Heppenheim* bis unterhalb der →*Burgruine Starkenburg*. Von hier führt die Strecke über den Krehberg bis zu dem Odenwälder Kurort Lindenfels. Ausführliche Streckenbeschreibungen stehen im Internet unter www.mtb-geo-naturpark.de.

Naturschutzzentrum Bergstraße

Bis noch vor wenigen tausend Jahren, als der Neckar noch bei Trebur in den Rhein mündete, waren weite Teile der Bergstraße und des →*Hessischen Rieds* Feuchtgebiete. Davon erhalten geblieben ist das Vogelschutzgebiet „Hessische Altneckarschlingen" mit seinen idealen Brutmöglichkeiten für den Weißstorch und den Teichrohrsänger. Wer hier den Fokus auf den Erlachsee richtet, stößt im Dreieck von zwei Autobahnen und einer Bundesstraße auf ein ca. 48 ha großes Naturschutzgebiet, das im Dezember 2000 eingerichtet wurde. Im Juni 2004 folgte die Eröffnung des Naturschutzzentrums Bergstraße, das seitdem dank der fachlichen Begleitung des Naturschutzbundes und als umweltpädagogische Station des →*Geo-Naturparks Bergstraße-Odenwald* ein umfangreiches Informations- und Veranstaltungsprogramm bietet.

Dank seiner begrünten Dachkonstruktion dient das Zentrum auch als Brutplatz für die Bachstelze, den Haussperling, den Hausrotschwanz, die Kohlmeise und den Star. Rauhautfledermäuse nutzen die Hohlräume unter der Bretterverkleidung als Paarungsquartier. Das Bistro lädt zum Frühstück am See oder zum Candle-Light-Dinner ein. Für Klein

Im Inneren des aus Naturmaterialien errichteten Gebäudes befinden sich eine Ausstellung mit wechselnden Schwerpunkten, ein Café, ein Werk- sowie ein Medienraum und eine Umweltbibliothek.

Der Natur auf die Spur kommt, wer das muntere Treiben am Erlachsee aufmerksam verfolgt.

und Groß gibt es außer in der kalten Jahreszeit im Bauerngarten und in der Kräuterspirale, an der Feuerstelle oder am Steinbackofen allerlei zu entdecken. Beliebt ist das Sonnenbaden am Seeufer, mit oder ohne Froschkonzert.

Das Naturschutzzentrum liegt zwischen Bensheim und Lorsch und ist am besten über den beschilderten Radweg zu erreichen. Der Natur vergleichbar nahe kommt man auch am Erlensee in Bickenbach (→*Jagdschloss Bickenbach*) und am Bruchsee in Heppenheim.

Nibelungensage

Viele Schauplätze und nicht minder viele Dichter erheben den Anspruch, die Hauptrolle in dem wohl bekanntesten deutschen Helden-Epos, der Nibelungensage, zu spielen. Kommen als Autoren des Nibelungenlieds der Fürstabt Siegehard von Lorsch oder Bligger II. von Steinach (heute Neckarsteinach) in Frage, war Worms um 1200 die Heimstatt der Burgunden

Wer den Nibelungen, ihren Heldentaten und ihrem Schicksal bildlich nahe kommen möchte, ist bei einer Führung durch den Nibelungensaal im Rathaus von Lorsch genau richtig.

Im Lapidarium der Klosteranlage in Lorsch wartet der „Siegfriedsarg" darauf, bestaunt zu werden.

und der Nibelungenschatz schlummert noch bis heute im Rhein einige Kilometer flussabwärts im „schwarzen Loch" bei Gernsheim. Mit historischen Fakten hat dies nichts zu tun: Schließlich wurden die Burgunden 435 und 436 nach Schlachten aus den Gebieten des Rheins vertrieben und siedelten daraufhin in der Gegend des heutigen Burgund (im Dreieck Genfer See, Lyon und Beaune). Geblieben ist die Sage, die sich ihre eigenen Spuren gelegt hat. Im →*Odenwald* erheben gleich drei Brunnen den Anspruch, Tatort des berühmten Meuchelmords zu sein, den Hagen von Tronje an Siegfried begangen haben soll.

Mit noch mehr Fantasie, lässt sich behaupten, dass es auch einen siegreichen Kampf des Helden mit dem Drachen im Jagdgebiet der Nibelungen gegeben hat.

Als ansprechender Wanderweg zur Spurensuche bietet sich der 125 km lange →*Nibelungensteig* an, der von Zwingenberg an der Bergstraße durch den Odenwald bis an den Main führt. Unterwegs trifft der Wanderer nicht nur auf den Siegfriedbrunnen, sondern macht auch die Bekanntschaft mit Drachenfiguren. Zur Stärkung reichen die Gastronomen des Nibelungenlands „Drachenblut", das in Form von Bier und Likör ausgeschenkt wird. Auch Lorsch beruft sich auf die Nibelungen. Das 1715 im Fachwerkstil erbaute Rathaus ist nicht nur von außen ein Schmuckstück. Das Touristikbüro bietet Führungen durch den Nibelungensaal an, in dem Georg Beringer (1879–1944) mit Wandmalereien die Stadtgeschichte sowie die bekanntesten Szenen der Nibelungensage verewigt hat.

Nibelungensteig

Aller Anfang ist schwer: Wer die ersten 4 km des Nibelungensteigs geschafft hat, hat das Schlimmste bereits hinter sich. Ausgangspunkt des insgesamt 124,6 km langen Qualitätswanderwegs von der Bergstraße bis nach Freudenberg am Main ist Zwingenberg *(→Bergkirche Zwingenberg)*. Von 100 m über N.N. geht es steil durch die Weinberge hinauf auf den 517,4 m hohen Melibokus, den zweithöchsten Berg des →*Odenwalds*.

Auf den insgesamt 4000 Höhenmetern fordert der anspruchsvolle mehr-

Wer dem roten N von der Bergstraße durch den Odenwald folgt, lernt etliche Burgen und Kapellen kennen.

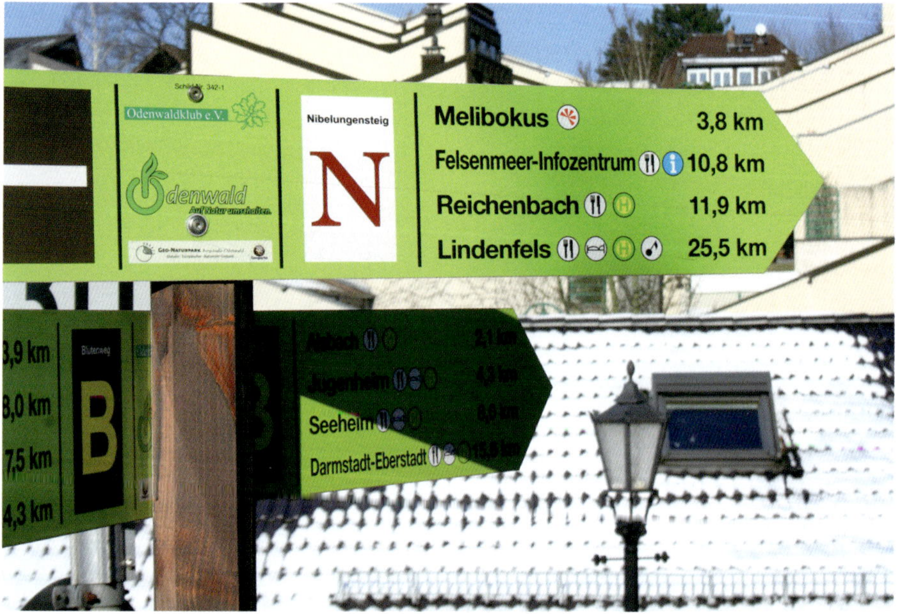

Auf ein besonderes Naturschauspiel trifft der Wanderer bereits nach etwa 10 km auf dem Felsberg. Das Felsenmeer bei Reichenbach zählt zu den größten in Deutschland.

tägige Wanderweg wiederholt zu markanten An- und Abstiegen heraus, die die landschaftliche Schönheit des →*Geo-Naturparks Bergstraße-Odenwald* widerspiegeln. Exemplarisch für den kristallinen Oden-

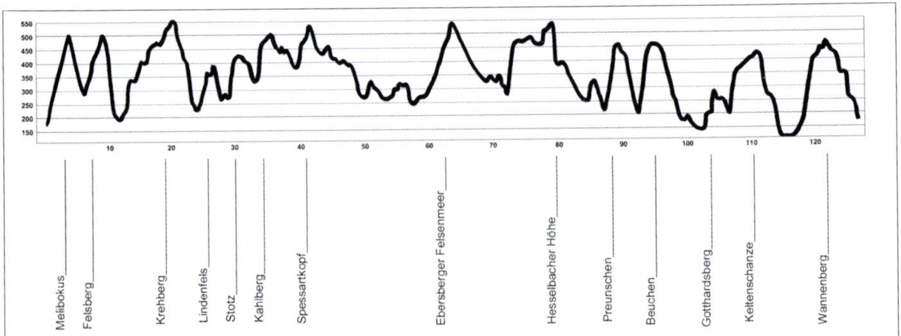

Grafik: Tourismusmarketing GmbH, Kreis Bergstraße

wald steht das Felsenmeer bei Reichenbach. Je weiter der Wanderer gen Osten vordringt, desto deutlicher zeichnen sich die roten Felswände des Buntsandsteins ab, die auch das Gesicht des Spessarts prägen, der östlich der Mainlinie die Mittelgebirgskette fortsetzt. Zuvor laden zahlreiche Burgruinen wie die von Lindenfels oder die Wildenburg bei Amorbach zum Verweilen ein. Oft durchstreift der Wanderer über Stunden dicht bewaldete Gebiete abseits der Zivilisation, um auf sakrale Orte wie die Walburgiskapelle bei Weschnitz oder die Gotthardskapelle Amorbach zu stoßen.

Wo der Nibelungensteig verläuft, ist die →*Nibelungensage* nicht weit. Mitten im Wald bei Gras-Ellenbach hat sich der Siegfriedbrunnen versteckt. Den Anspruch, Tatort des heimtückischen Mords an dem Helden der Sage zu sein, erheben zwei weitere Brunnen, die allerdings nicht auf der Wegstrecke liegen. Die Bergstraße mit dem Odenwald verbinden zwei weitere, ebenfalls zertifizierte Wanderwege: der als Rundweg konzipierte 132 km lange Alemannenweg sowie der Neckarsteig, der beginnend am →*Heidelberger Schloss* über den →*Königstuhl* auf 126,4 km dem Flussverlauf bis Bad Wimpfen folgt.

Odenwald

Zwischen Darmstadt im Norden und Heidelberg grenzen nahezu geradlinig die Höhenrücken des Odenwalds die Bergstraße nach Osten hin ab. Rund 46 km weiter endet das Mittelgebirge am Main. Südlich des Neckars reichen die Ausläufer bis an den Kraichgau, eine Hügellandschaft im Norden von Baden-Württemberg, heran. Die weder von Autobahnen noch durch größere Industrieansiedlungen in ihrer natürlichen Struktur veränderte Landschaft liegt im Dreiländereck mit Hessen und Bayern. Geologisch wird die Region in den kristallinen Teil im Westen und den

Die Erkertürmchen und der abgekantete Giebel im Mittelteil verleihen dem Rathaus von Michelstadt eine besondere Stellung unter den Vertretern deutscher Fachwerkskunst.

Zentrum des Elfenbeinschnitzhandwerks ist die Kreisstadt Erbach. Im Deutschen Elfenbeinmuseum sind Kunstwerke aus aller Welt ausgestellt. Den weiblichen Akt aus Elfenbein und Bronze „Frühlingserwachen" hat der Erbacher Künstler Ferdinand Preiss zwischen 1920 und 1930 angefertigt.

daran anschließenden Buntsandstein-Odenwald unterteilt. Von zahlreichen Flüsschen und Bächen durchzogen, wechseln sich Täler in Höhenlagen zwischen 200 und 300 m mit dicht bewaldeten Hügeln und Bergen von bis zu 600 m und mehr ab. Seiner Vielfalt und Ursprünglichkeit wegen wurde der von einem gemäßigten Klima begünstigte →*Geo-Naturpark Bergstraße-Odenwald* 2002 zum Schutzgebiet der Vereinten Nationen erklärt.

Wie an der Bergstraße, bestechen die historischen Zentren der Kleinstädte durch ihre gut erhaltene Fachwerkskunst. Beeindruckend sind auch die Funde rund um den Odenwaldlimes, der an die Besatzung durch römische Truppen zwischen 110 und 160 n. Chr. erinnert. Nicht zuletzt spielten schon die ältesten Krimis im Odenwald. So richtig geklärt ist es bis heute nicht, an welchem der drei in Frage kommenden Brunnen Hagen von Tronje Siegfried, den Helden der →*Nibelungensage,* hinterrücks ermordet hat.

Buchtipp: Manfred Giebenhain, Kleines ABC des Odenwaldes, Husum Verlag, Husum

Philosophenweg Heidelberg

Viele bekannte Namen haben in Heidelberg ihre Spuren hinterlassen. So dürfte es auch der Anwesenheit von Friedrich Hölderlin (1770–1843) und Joseph von Eichendorff (1788–1857) zu verdanken sein, dass ein mehrere Jahrhunderte alter Weinbergspfad auf dem Michaelsberg unter dem Namen „Philosophenweg" bekannt und beliebt wurde. Zum Verweilen laden das Philosophengärtchen wie die Eichendorff-Anlage ein. Von hier oben, über den Dächern der gutbürgerlichen Häuser des Stadtteils Neuenheim nördlich des Neckars, liegen dem Betrachter auf

Die Eichendorff-Anlage macht mit einer in Stein gehauenen Liebeserklärung des Dichters darauf aufmerksam, dass dieser von 1807 bis 1808 in Heidelberg studiert hat. Im Hintergrund erhebt sich die Bismarcksäule am Fuße des Heiligenbergs.

Der Reiz des Philosophenwegs besteht auch in der unterschiedlichen Beschaffenheit der Wege und Pfade, die auch mit dem Neckarufer verbunden sind.

der anderen Uferseite die →*Heidelberger Altstadt* und, am Fuße des →*Königstuhls*, das darüber thronende →*Heidelberger Schloss* zu Füßen.

Besonderes Merkmal des Philosophenwegs sind seine Trockenmauern, die größtenteils in die Jahre zwischen 1837 und 1841 zurückreichen, in denen der Weg in seiner heutigen Form angelegt wurde. Sie bieten Lebensraum für die Mauer- und Zauneidechse, die Schlingnatter und wärmeliebende Insektenarten wie die Wildbiene. Zu Hause sind hier der Mauerpfeffer, das Zimbelkraut und das Glaskraut. In den Weinbergsflächen fühlt sich die Osterluzei ebenso wohl wie der Weinbergslauch und die Traubenhyazinthe.

Rathaus Leimen

Schmuckstück der 791 als „Leimheim" erstmals urkundlich erwähnten Großen Kreisstadt Leimen ist das Rathaus, dessen Bauherr der kurpfälzische Hofagent Aron Elias Seligmann (1747–1824) war. Das auch als „Palais Seligmann" bezeichnete schlossartige Wohnhaus wurde im hellenistisch-klassizistischen Stil unter Verwendung barocker Elemente errichtet. Baubeginn soll zwischen 1792 und 1798 gewesen sein. Zwei geschwungene Treppen führen in das Hauptgeschoss. Unter Denkmalschutz steht der „Spiegelsaal" im Mittelgeschoss, der für repräsentative Zwecke dient.

Lange vor Boris Becker weilten schon Zar Alexander (1801) und der preußische König Friedrich Wilhelm III. (1814) im Rathaus von Leimen.

Tapetenmalereien mit Motiven aus der griechischen Mythologie wechseln sich mit Barockspiegeln ab. Nach Süden hin schließt sich ein prächtiger Balkon an, auf dem nicht zuletzt auch die Tennis-Ikone Boris Becker beim Empfang in seiner Heimatstadt den Jubel der Bevölkerung genossen hat. Andere Töne erklingen vom alten Schul- und Rathaus im Stadtteil St. Ilgen. Hier erinnern viermal am Tage 13 Glocken aus Meißner Porzellan an die freundschaftlichen Beziehungen zu der sächsischen Kleinstadt.

Auf eine 1200 Jahre alte Tradition blickt der Weinbau *(→Weinbaugebiet Bergstraße)* zurück. Sichtbare Zeugen der älteren Stadtgeschichte sind rar. Bei der Spurensuche fallen der Franzosenturm und Reste der Stadtmauer ins Auge. Jene Stelle soll dem Zeichner und Maler der „Heidelberger Romantik", Karl Philipp Fohr (1795–1818), für sein Aquarell „Das Frankenloch in Leimen" Pate gestanden haben.

Seinen Namen verdankt der Franzosenturm dem Eindringen der feindlichen Truppen in die Stadt durch den am Turm vorbeifließen Rösbach.

Römerstadt Ladenburg

Ladenburg ist eine Kleinstadt am Neckar, die zwischen den Großstädten Mannheim und Heidelberg *(→Heidelberger Altstadt)* liegt, aber keineswegs in deren Schatten steht. Lange bevor die benachbarten Großstädte den Grundstein zu ihrer heutigen Dimension gelegt haben, siedelten sich um 200 v. Chr. die Römer inmitten einer Neckarschlinge an, um eine keltische Viereckschanze auszubauen. Mit der Verlegung des Römischen Tempelbezirks vom *→Heiligenberg* bei Heidelberg legten sie den Grundstein für die Civitas Ulpia Sueborum Nicrensium, den Ulpischen Gaubezirk der Neckarsweben. Als Hauptort ließ 98 n. Chr. Kaiser Ulpius Traianus die Kastelle zum Garnisonsstandort „Lopodunum" mit Marktbasilika, Wochenmarkt, Tempel, Therme und Palästen ausbauen und von einer Stadtmauer umgeben.

Mit einer Stadtgeschichte von über 1900 Jahren präsentiert Ladenburg sich heute als eine moderne und aufgeschlossene Kleinstadt mit einem mittelalterlichen Stadtkern, der zum Verweilen, Bummeln und Entdecken einlädt. In den zum großen Teil autofreien Gassen und Winkeln wechseln

Gleich neben dem Lobdengau-Museum im Bischofshof machen eine römische Säule und die Fundamente des mittelalterlichen Pfaffenturms auf das historische Erbe der Stadt aufmerksam.

Hinter dem Marktplatz ragt die zweitürmige gotische St.-Gallus-Kirche hervor, die zwischen dem 13. und 15. Jahrhundert errichtet wurde.

sich liebevoll restaurierte Fachwerkhäuser mit Adelshöfen aus dem 15. bis 18. Jahrhundert ab. Stolz erhebt sich neben dem →*Lobdengau-Museum* im Bischofshof eine römische Säule empor und erinnert an die Reste des mittelalterlichen Pfaffenturms. Das Museum erweist sich als wahre Fundgrube der keltischen, römischen und fränkischen Geschichte. Nur zwei Gassen weiter haben archäologische Ausgrabungen das Römische Forum freigelegt, das von einer Glaswand geschützt wird. Geschichte geschrieben hat Ladenburg auch als Sitz des Wormser Bischofs Johannes von Dalberg (1445–1503) und als Wiege der Automobilindustrie *(→Automuseum Dr. Carl Benz)*.

Der Hexenturm und das Martinstor (im Hintergrund) entstanden um 1200 beim Bau der äußeren Stadtmauer.

Rothschild-Schloss Hemsbach

Nicht nur seines fliederfarbenen Anstrichs wegen hebt sich das Rathaus von Hemsbach von anderen Verwaltungsgebäuden in der Region ab. Die Gesamtarchitektur mit ihrem markanten Eingangsportal und den dominanten Ecktürmen verleiht dem Rothschild-Schloss einen mediterranen Charakter. 1839 erwarb Baron Carl Mayer von Rothschild (1788–1855) das Anwesen, ließ es zum heutigen Erscheinungsbild ausbauen und eine Parkanlage anlegen. Seit 1925 ist es im Besitz der Stadt Hemsbach.

Erbaut wurde das Gebäude 1764 durch den kurfürstlichen Jagdrat Blesen, der einen Pferdestall an dieser Stelle abreißen ließ, um hier eine Villa zu errichten.

Das als Rathaus genutzte Rothschild-Schloss befindet sich an einer zentralen Kreuzung in der Mitte des quadratisch angelegten Ortskerns.

Ruine Schauenburg

Noch länger als die benachbarte →*Ruine Strahlenburg,* nämlich seit einem guten halben Jahrtausend, fristet die in der ersten Hälfte des 12. Jahrhunderts von den Edelfreien von Schauenburg erbaute Burganlage ein Dasein als Ruine. Nur fünf Tage soll die Belagerung durch den Kurfürsten Friedrich I. 1460 im pfälzisch-mainzischen Krieg gedauert haben, bis die als Spornburg erbaute Festung erobert wurde. Übrig geblieben sind nur noch einige Grundmauern, die die Architektur von Ring- und Schildmauer sowie Bergfried im romanischen Stil andeuten.

In der Kernburg deutet der erhaltene Grundriss von 8 auf 20 m auf einen Saalbau hin, was auf eine ausgeprägte Nutzung schließen lässt. Reste einer Zwingeranlage lassen vermuten, dass die Festung talabwärts durch eine Vorburg gesichert wurde.

Schwer zugänglich, liegt östlich von Dossenheim auf rund 275 m Höhe die Ruine Schauenburg.

Ruine Strahlenburg

Dem Namen des Erbauers treu geblieben ist die Strahlenburg, die Conrad I. um 1235 als Stammsitz der Strahlenberger am Hang des Ölbergs errichten ließ. Heute ist die Rede vom Schriesheimer Schlossberg, zugleich Namensgeber einer der Weinlagen des sonnenverwöhnten Hangs *(→Weinbaugebiet Bergstraße)*.

Die wechselvolle Geschichte ist eng verknüpft mit der nordbadischen Stadt. So soll Schriesheim, bedingt durch die Eroberung der Burg durch Vogt Simon von Balshofen 1470 und anschließende Brandstiftung, sogar die Stadtrechte verloren haben. Weitere Schäden richteten Kämpfe während des Landshuter Erbfolgekriegs um 1500 an, was dazu führte, dass ab 1733 die Granit- und Porphyrmauern abgetragen und die Steine zum Bau von Mauern in den Weinbergen verwendet werden durften. Erst die Grafen von Oberndorff stoppten 1828 als neue Eigentümer den Raubbau. Heute ist das Burgrestaurant in der in Privatbesitz übergegangenen Burgruine ein beliebtes Wander- und Ausflugsziel von der nahe gelegenen *→Ruine Schauenburg* aus sowie entlang des *→Burgenwegs*. Ein „Themenweg Kuhberg" erzählt die Geschichte von Schriesheim vom Dorf zur Weinstadt.

Von der Strahlenburg erhalten geblieben sind der runde Bergfried und der rechteckige Palas.

Bei klarem Himmel reicht der Blick von der Burgterrasse weit über die Rheinebene hinweg bis zum Donnersberg in der Pfalz.

St.-Vitus-Kirche Handschuhsheim

Es ist die älteste Kirche Heidelbergs, deren Mauerreste bis in die karolingische Zeit zurückreichen. Ihren Namen verdankt die St.-Vitus-Kirche dem heiligen Vitus, der mit dem Wechsel 1232 an das Erzbistum Mainz als Patron eingesetzt wurde. Zuvor stand das Gotteshaus unter dem Einfluss des →*Klosters Lorsch* und war dem heiligen Nazarius gewidmet worden.
Bemerkenswert sind der Triumphbogen aus der Zeit Mitte des elften Jahrhunderts sowie die dreischiffige Basilika, die um 1200 entstanden ist. 1911 wurden über 500 Jahre alte Fresken freigelegt, die die Lebens- und Leidensgeschichte Christi zeigen. Weitere Heiligendarstellungen kamen noch Jahrzehnte später ans Tageslicht.
Bis zum Aussterben der Dynastie Handschuhsheim *(→Tiefburg Handschuhsheim)* diente die Kirche als Grablege des Rittergeschlechts. Zu den bedeutendsten Grabmälern wird das Renaissance-Grabmal des Heinrich von Handschuhsheim (†1588) und seiner Gemahlin Amale Beusser von Ingelheim (†1622) gezählt. Sie sind die Eltern des letzten Nachkommen der Dynastie, Johann V., der 1600 an den Folgen eines Duells auf dem Marktplatz von Heidelberg mit seinem Vetter Friedrich III. von Hirschhorn verstarb. Mit dem Bergsträßer Rezess vom 24. September 1650, einem Vertrag zwischen den Fürstentümern Kurpfalz und Kurmainz, fiel Handschuhsheim an die protestantische Kurpfalz. Das der unterlegenen Konfession eingeräumte Recht auf freie Religionsausübung hatte zur Folge, dass das Gotteshaus bis 1905 als sogenannte Simultankirche von beiden christlichen Gemeinden gleichermaßen genutzt wurde.

Bei der gewaltsamen Besetzung von Handschuhsheim durch Engelhard von Neipperg am 3. April 1460 stürzte der Turm westseitig ein. 1483 wurde das Gotteshaus im spätgotischen Stil umgebaut.

Zwischen 1960 und 1972 wurde die St.-Vitus-Kirche grundlegend renoviert.

Scheuergasse Zwingenberg

Der ortsunkundige Besucher wird zuerst auf die Bronzestatue aufmerksam, die dort steht, wo die Scheuergasse auf die Bundesstraße trifft. Einige Schritte weiter fallen sogleich die großen Eingangstore auf, die die eng aneinandergereihten Gebäude zu einer Einheit verschmelzen lassen. Heute verbergen sich hinter den unverputzten Steinmauern und darüber liegenden Fachwerkkonstruktionen Ca-

Das Zwingenberger Heimatmuseum hält die Erinnerung an das bäuerliche Leben und die Handwerkskunst wach.

Am Zugang zur Scheuergasse steht die von Siegfried Speckhardt gestaltete Bronzestatue, die dem Zwingenberger Chronisten und Heimatdichter Max Teichmann gewidmet ist.

fés, kleine Läden und privat genutzte Wohnräume. Bei der Restaurierung der „Scheiergass", wie sie in Zwingenberg liebevoll genannt wird, wurde in den 80er-Jahren großer Wert darauf gelegt, den ursprünglichen Charakter beizubehalten. Immerhin ist es mehr als 500 Jahre her, dass hier einst die ersten Pferdefuhrwerke und von Ochsen gezogenen Gespanne den winterlichen Vorrat für die Bauern von Zwingenberg ein- und ausgefahren haben. Der Landgraf hatte angeordnet, die bäuerlichen Scheunen diesseits der Stadtmauern zu errichten, was sich im Laufe der Jahrhunderte bewähren sollte. Lediglich einmal (1832) wurde dieses Prinzip der Lagerhaltung Opfer eines Großbrands. In einer der 23 umgebauten Scheunen ist das Zwingenberger Heimatmuseum untergebracht. Das Denkmal erinnert an Max Teichmann (1874–1956), Buchdrucker und Herausgeber des „Bergsträßer Boten" (1905–1937).

Schloss Heiligenberg

Spuren seines Wirkens hat der Darmstädter Architekt und Stadtplaner Georg Moller (1784–1852) besonders in der →*Jugendstilstadt Darmstadt* hinterlassen. Ebenfalls seine Handschrift prägt das zwischen 1862 und 1867 erbaute Schloss Heiligenberg, das dank seiner Abgeschiedenheit später gar als Sommerresidenz des russischen Zaren Alexander II. diente, was sich aus den verwandtschaftlichen Verhältnissen zum Großherzogtum Hessen-Darmstadt erklärt. Der Auftrag, aus dem 1827 erstandenen Landgut, östlich von Jugenheim, ein Schloss mit Parkanlage zu errichten, kam von Großherzogin Wilhelmine (1788–1836). Es war ihr Sohn Alexander Ludwig Georg Friedrich Emil von Hessen und bei Rhein (1823–1888), der daraus den Stammsitz des Hauses Battenberg-Mountbatten begründete. Anlass war die zunächst unstandesgemäße Vermählung mit der Hofdame Julia Hauke (1825–1895). Das Paar besann sich auf das 1310 ausgestorbene

Schloss Heiligenberg dient heute als Fortbildungsstätte des Landes Hessen.

Adelsgeschlecht Battenberg und erweckte dieses zu neuem Leben.

Beigesetzt wurden Prinz Alexander von Hessen und seine Gemahlin Julia, Prinzessin von Battenberg, im 1894 errichteten Mausoleum. Wer sich die Zeit nimmt, auf den weit verzweigten Wegen durch den Park auf Spurensuche zu gehen, trifft auch auf das Goldene Kreuz, das Wahrzeichen Jugenheims, das 1866 zum Andenken an Wilhelmine von ihren Kindern gestiftet wurde.

Schloss Heiligenberg war Stammsitz des Geschlechts Battenberg, das von 1879 bis 1886 auch eine Dynastie in Bulgarien begründete.

Schlosspark und Hermannshof Weinheim

Gemeinsam bilden sie die „Grüne Meile" von Weinheim, der →*Exotenwald* sowie der in die Stadtmitte *(→Gerberbachviertel)* herein reichende Schlosspark und der über 200 Jahre alte Hermannshof, der 1982 als Schau- und Sichtungsgarten für Stauden angelegt wurde. Auf 2,2 ha werden rund 2000 Staudenarten wissenschaftlich betreut. Seinen Namen verdankt der einst als Sommersitz mit klassizistischer Gartenvilla genutzte Park dem Weinheimer Unternehmer Hermann Ernst Freudenberg (1856–1923), der 1888 Besitzer wurde. Bereits neun Jahre zuvor soll hier eine Myrte Wurzeln geschlagen haben, die heute zu den ältesten und größten in Deutschland zählt. Der Überlieferung nach stammt sie von einem Zweig aus dem Brautschmuck, den Helene Siegert bei ihrer Hochzeit mit Hermann Ernst Freudenberg getragen hat.

Hinter dem kurpfälzischen Schloss von 1537 lädt eine gepflegte Parklandschaft mit gutem

Die ersten Gebäude des Schlosses entstanden Anfang des 16. Jahrhunderts. 1868 ließ Freiherr Christian Friedrich Gustav von Berckheim (1817–1889) den 39 m hohen Schlossturm und den Mittelbau im neugotischen Stil errichten. Der 1725 angebaute Südflügel (im Vordergrund) wurde um 1780 im klassizistischen Stil umgebaut. Seit 1938 dient das Anwesen als Verwaltungssitz der Stadt Weinheim.

Den Winter verbringt die „Braut-Myrte" in einem eigens für sie erbauten Häuschen im Hermannshof. Die 1879 aus einem Steckling des Brautkranzes bei der Vermählung von Helene und Hermann Ernst Freudenberg gezogene Myrtus communis ist auf 8 m angewachsen.

Ausblick auf die →*Burgruine Windeck* zum Verweilen ein. Glanzstück des 5,2 ha großen Schlossparks ist eine um 1720 gepflanzte Libanon-Zeder, die mit 23 m als die höchste in Deutschland gilt. Die Pfade säumen alte Gingkobäume und große Rhododendron- und Eibenbüsche. Auf vier Terrassen wetteifern über 200 Arznei-, Gewürz- und Duftpflanzen um die Aufmerksamkeit der Besucher. In unmittelbarer Nachbarschaft des Schlosses, das heute als Rathaus dient, steht das zehn Jahre ältere Amtshaus des Deutschen Ordens, in dem das Stadtmuseum untergebracht ist.

Der Gingko biloba zählt zu den ältesten und Krankheiten gegenüber resistentesten Bäumen weltweit. Zu Beginn des 18. Jahrhunderts hat der in China beheimatete Baum Einzug in Europa gehalten.

Staatspark Fürstenlager Bensheim-Auerbach

Der im Stile einer englischen Ornamental Farm („gestaltetes Gut") Ende des 18. Jahrhunderts angelegte Landschaftspark geht auf die Entdeckung einer mineralischen Heilquelle zu Beginn des 18. Jahrhunderts zurück. Ab 1783 ließen Ludwig X. und seine Gemahlin Luise von Hessen-Darmstadt das idyllisch eingebettete Tal auf der Odenwaldseite von Auerbach zu ihrer landgräflichen Sommerfrische ausbauen. Zu jener Zeit waren auch etliche Gebäude des zugleich errichteten kleinen Dorfs in dem Fürstenlager bewohnt und bewirtschaftet. Gut erhalten geblieben sind das Herrenhaus sowie der Prinzen- und Damenbau, die durch eine Allee aus Platanenbäumen voneinander getrennt werden. Besichtigt werden kann die von schlichter Eleganz geprägte Wohneinrichtung, die auch als Unterkunft für Kurgäste diente.

Gestaltet wurde der heute 42 ha große und inzwischen unter Landesverwaltung stehende Staatspark nach den Plänen des Hofgärtners Carl Lud-

Das zwischen 1790 und 1792 erbaute Herrenhaus ist das einzige zweistöckige Gebäude im Dörfchen.

In der Nachbarschaft von Gingkobäumen, Sicheltannen und Sumpfzypressen steht im Park mit 53 m der höchste und mit rund 150 Jahren einer der ältesten Mammutbäume Deutschlands.

Auf dem 1999 rekonstruierten Freundschaftstempel erinnert in goldenen Lettern der Schriftzug „Aus kindlicher Liebe von Ludwig und Emil" an die beiden Prinzen.

wig Geiger. Mehrere Rundwege führen an kleinen Tempeln, einer Volière, Denkmälern der Ermitage, einer 1787 erbauten Kapelle mit Apsis und Glockenturm vorbei. Am Nordhang geht eine Pappelallee in den Wald über; Obstbäume säumen den Weg zur Bergkirche von Auerbach. Hier erinnert eine Gedenktafel an Ernst Pasqué (1821–1892), Bariton am Großherzoglichen Hoftheater in Darmstadt und Verfasser der Liebesgeschichte „Es steht ein Baum im Odenwald". Pate dafür gestanden haben soll die „Ludwigslinde", von der eine Nachpflanzung auf dem Höhenweg steht.

Steinbruch Leferenz in Dossenheim

Wie steinerne Wächter suchen die grimmig dreinblickenden Steinfiguren nach allen Seiten hin das weite Areal nach unliebsamen Eindringlingen ab. Unbegründet. Denn die in Sitzpositionen geschaffenen Kunstwerke von Knut Hüneke zählen selbst zu den letzten Ergebnissen eines Abbaus von Rhyolith, der in den Steinbrüchen oberhalb von Dossenheim Geschichte geschrieben hat. Heute genießt der ehemalige Steinbruch Leferenz die Rolle eines Geotops als Fenster in die Erdgeschichte *(→Geo-Naturpark Bergstraße-Odenwald)* und dient zugleich

Der Abbau von Rhyolith in Dossenheim reicht bis in das Jahr 1760 zurück. Die Spuren der aufgerissenen Bergwände sind schon von Weitem sichtbar.

Über eine Seilbahn oder ein Förderband wurden die Steine zur Brecheranlage transportiert. Je nach Größe, auch „Körnung" genannt, fielen die zerkleinerten Steine über eine Siebtrommel in die dafür vorgesehenen Silos.

seltenen Tier- und Pflanzenarten als Biotop.
Was infolge einer Vulkankatastrophe vor 290 Millionen Jahren ans Tageslicht geschleudert wurde, diente bis 1984 über 200 Jahre lang der Gewinnung von Quarzporphyr, wie die silikatische vulkanische Gesteinsart früher bezeichnet wurde. Ein Eindruck davon, wie mühevoll und gefährlich der in Handarbeit erfolgte Gesteinsabbau war, bieten die Schautafeln vor Ort und die Exponate im Heimatmuseum von Dossenheim.

Tiefburg Handschuhsheim

Lange schon fließt in ihrem Graben rund um die 12 m breite Wehranlage kein Wasser mehr. Bäume und Sträucher umgeben die von Kämpfen geschundene Tiefburg von Handschuhsheim, dem mit 17 000 Einwohnern größten Stadtteil von Heidelberg. „Hendesse", wie sie ihren Ort nennen, gehörte einst zum Besitz des →*Klosters Lorsch* und wurde von der Schauenburg aus regiert. Die Ritter von Handschuhsheim sollen der Überlieferung nach erstmals 1130, gut 350 Jahre später, zunächst als Ministeriale in Erscheinung getreten seien.

Walter Laufenberg hat die Tiefburg zum Schauplatz seines 1992 erschienenen historischen Romans „Ritter, Tod und Teufel" gewählt.

Erbaut wurde die Tiefburg, die General Tilly als Hauptquartier zur Eroberung Heidelbergs während des Dreißigjährigen Kriegs (1618–1648) zu nutzen wusste, im frühen Mittelalter. Am ärgsten zu leiden hatte der Ort Handschuhsheim wie die Burg unter dem Pfälzischen Erbfolgekrieg (1688–1697), dessen Zerstörungen heute noch das Bild der Tiefburg kennzeichnen. Der Sage nach soll hier 1770 das Skelett eines eingemauerten Ritters entdeckt worden sein, dem ein Verhältnis mit einer Bewohnerin der Burg Hirschhorn zum Verhängnis geworden sei.

Es lässt sich darüber schreiten, wie der silberne, rot gefütterte Handschuh zum Wappen von Handschuhsheim werden konnte. Historiker bevorzugen die Version, nach der ein Gutsbesitzer mit Namen Ansco Pate gestanden hat. Romantischer klingt die Version, dass ein Ritter die Magd heiratete, die ihm seinen verlorenen Handschuh zurückgebracht hatte.

Im Brunnenhaus befindet sich der Zugang zum Vorratskeller.

In unmittelbarer Nachbarschaft befinden sich das 1609 erbaute Handschuhsheimer Schlösschen und die älteste Kirche Heidelbergs, die Katholische →*St.-Vitus-Kirche*, die zugleich als Grablege der Dynastie Handschuhsheim diente.

Villa Rustica Hirschberg

In vier Grabungskampagnen, von 1984 bis 1987, hat die Archäologische Denkmalpflege Karlsruhe des Landesdenkmalamts Baden-Württemberg bei Hirschberg-Großsachsen die Reste der einstigen römischen Villa Rustica freigelegt. Bis dahin wurde die Siedlungsstelle im Flurgewann „Maueräcker" als Ackerland genutzt. Von Ziegeln, Scherben und Schutt befreit, kamen der komplette Grundriss eines aufwändig ausgestatteten römischen Bads sowie das Hauptgebäude zum Vorschein. Funde von Münzen, Schmuck, Haarnadeln oder Spielsteinen lassen darauf schließen, dass es sich um begüterte Bewohner gehandelt haben muss.
Im Hauptgebäude fanden sich Reste von bemaltem Wandverputz mit mehrfarbigen figürlichen Darstellungen, darunter ein kleiner Amor, der nach Trauben greift. Archäologen

Das Fischbecken (im Vordergrund) wurde mit der letzten Erweiterung in der ersten Hälfte des 3. Jahrhunderts n. Chr. wieder zugeschüttet.

Bei den Ausgrabungen wurden auch Schmuckstücke entdeckt, darunter ein kleiner Bronzehahn und ein mit einem roten Edelstein besetzter goldener Ring.

ordnen die ältesten Bauten dem ersten Jahrhundert n. Chr. zu. Das Haupthaus wurde im Portikusstil errichtet, der sich durch einen halboffenen Säulengang im Eingangsbereich auszeichnet. In der Mitte des 2. Jahrhunderts n. Chr. muss es zu Erweiterungsbauten gekommen sein, so auch am Bad und Tempel. Ein Fischteich in den Abmessungen 7 x 30 m wurde angelegt.

Der Ausgrabungsort der Villa Rustica befindet sich etwa einen Kilometer vom Ortsrand entfernt, unweit der Provinzhauptstadt Lopodunum *(→Römerstadt Ladenburg)*. Die Fundstätte ist bereits seit Ende des 19. Jahrhunderts bekannt. Weitaus geringere Spuren aus der Zeit der römischen Besiedlung wurden in einem sumpfigen Gelände bei Bickenbach entdeckt. Jene Fundstücke werden dem Kleinkastell Allmenfeld, einer Sumpfbrücke und der Villa Rustica „Steinmauer" zugeordnet.

Weinbaugebiet Bergstraße

Sicher trifft die Beschreibung „klein, aber fein“ für das Weinbaugebiet Bergstraße zu. Genau genommen sind es zwei Gebiete. Annähernd in der Mitte trennt die Landesgrenze die „Hessische Bergstraße“ von der „Badischen Bergstraße“. Mit 450 ha zählt die nördliche Hälfte zu den kleinsten Weinanbaugebieten Deutschlands. Weitere 45 ha Rebflächen steuert das Anbaugebiet von Groß-Umstadt im →*Odenwald* hinzu.

Südlich von Heppenheim tragen die erlesenen Tropfen das Etikett der badischen Winzer (380 ha Ertragsfläche), die Schriesheim dank seiner zerklüfteten Hänge und Steillagen *(→Ruine Strahlenburg)* zum Mittelpunkt erkoren haben. Hier findet auch am ers-

Wissenswertes über die Rebsorten verrät der Erlebnispfad „Wein und Stein“ auf dem Heppenheimer Steinkopf.

Herbstpanorama am Heppenheimer Stemmler.

Der Klassiker der Winzergenossenschaft Schriesheim darf auch im „Schriesemer Lied" nicht fehlen, heißt es doch darin „… und mer trinkt Silvaner kreuzfiedel sich zu …".

ten März-Wochenende das erste große Frühlings- und Weinfest der Bergstraße, der Mathaise-Markt, statt, der in das Jahr 1580 zurückreicht.

Im →*Heidelberger Schloss* kann das angeblich größte je mit Wein gefüllte Holzfass der Welt besichtigt werden, das mehr als 220 000 l Flüssigkeit aufnehmen kann. Auch wenn nicht gerade die traditionelle Weinlagenwanderung *(→Bergsträßer Weinlagenwege)* am 1. Mai oder der Bergsträßer Weinmarkt, das Wein- und Sektfest der Winzer (beides in Heppenheim) und das Bergsträßer Winzerfest in Bensheim jeden Sommer Zehntausende anlocken, laden überall an der Bergstraße Weinlokale, Garten- und Straußenwirtschaften zum gemütlichen Verweilen ein.

Den Römern ist es zu verdanken, dass heute von Auxerrios bis Silvaner und Cabernet Doro bis Spätburgunder über 40 Rebsorten an der Bergstraße wachsen. Bei über 1500 Sonnenstunden im Jahr und einer mittleren Temperatur von 10,6 Grad Celsius ist die klimatische Nähe zu mediterranen Breitengraden deutlich. Zwischen den Parzellen und Terrassen erfreuen Pfirsich-, Feigen- und Mandelbäume *(→Blütenweg)* das Auge.

Zoo Heidelberg

Gemächlich und geräuschlos schleichen die drei Löwen durch das Gehege. Weder der Besucherstrom jenseits des Wassergrabens bringt sie aus der Ruhe noch das Geklapper der Weißstörche, die in unmittelbarer Nachbarschaft ihr Nest in luftiger Höhe gebaut haben. Der Zoo-Besucher kann nicht unterscheiden, ob es der Rudelführer Josef, seine Mutter Claudia oder die Löwin Sita ist, die gerade den Durst stillt. Das Männchen hat nach der Kastration seine Löwenmähne verloren.

Über 1000 Tiere haben im Zoo Heidelberg ihr Zuhause. Die größte Abteilung bildet das Afrikahaus, das von Damarazebras, Antilopen, großen Kudus, Blessböcken, Perlhühnern und etlichen Tierarten mehr bewohnt

Die asiatischen Löwen können von der anderen Seite des Wassergrabens aus gut beobachtet werden.

Im Juli 2010 sind die grauen Riesen in das neue Elefantenhaus umgezogen.

wird. Auch das Affenhaus lässt keine Wünsche offen: Mit der Geschicklichkeit der Orang-Utans, Gorillas, Schimpansen, Löwenäffchen und Rhesusaffen kann kein Homo sapiens mithalten. Angefangen hat alles mit der Gesellschaft für Tiergartenfreunde, die am 20. November 1934 im Stadtteil Neuenheim *(→St.-Vitus-Kirche* und *Tiefburg)* den Zoo mit 20 Affen, zwei Bären, einem Kamel, heimischem Rotwild und Vögeln begründet hat. Mit dem Tiergarten gewachsen ist auch das benachbarte Universitätsklinikum mit dem bereits 1593 angelegten Botanischen Garten. Seit 2000 bietet die Zooschule besondere Führungen und Aktionen für Kinder an, die im Tiergarten auch ihren Geburtstag feiern können. Der Zoo Heidelberg beteiligt sich an Artenschutzprogrammen vor der Haustür und in Westafrika.

Heimat der roten Flamingos sind die Karibik und die Galapagosinseln.

Abbildungsnachweis

Alle Aufnahmen von Manfred Giebenhain, außer:

Antes, Reinhard: Seite 25, 26, 44, 45, 132
Goldschmidt, Thomas: Seite 95
König, Leonard: Seite 27
Odenwaldklub: Seite 29, 32
Stadtmarketing Erbach im Odenwald: Seite 100
Tourist-Info Nibelungenland, Lorsch: Seite 98
Wirtschaftsförderung Bergstraße GmbH, Tourismusagentur: Seite 77, 94
WordWorxx Werbeagentur: Seite 89

Auf die Veröffentlichung einzelner Anschriften, Telefonverbindungen, Öffnungszeiten und Eintrittspreise wurde aus Aktualitätsgründen ausdrücklich verzichtet. Besonders wegen eingeschränkter Besichtigungs- und Öffnungszeiten mancher Museen und Sehenswürdigkeiten wird empfohlen, zuvor Kontakt aufzunehmen oder entsprechende Informationen einzuholen. Der Autor dankt allen Organisationen und Privatpersonen, die ihn mit Informationen und Fotomaterial bei der Erstellung des Buchs unterstützt haben. Als Quellen dienten neben den eigenen Recherchen, Beobachtungen und Gespräche vor Ort allgemein zugängige Informationen von den touristischen Anlaufstellen, Stadt- und Gemeindeverwaltungen sowie den vorgestellten Ausflugszielen und Sehenswürdigkeiten.

Adressen

Zur allgemeinen Information dienen die Anschriften der fünf großen touristischen Anlaufstellen:

Tourismus Service Bergstraße e. V.
Großer Markt 9, 64646 Heppenheim
Tel.: 06252-131170, Fax: 06252-131173
E-Mail: info@diebergstrasse.de
Internet: www.diebergstrasse.de

Wirtschaftsförderung Bergstraße GmbH
Tourismusagentur
Marktplatz 1, 64653 Lorsch
Tel.: 06251-17526-12, Fax: 06251-17526-20
info@wr-bergstrasse.de
Internet: www.wirtschaftsregion-bergstrasse.de

Geo-Naturpark Bergstraße-Odenwald
Globaler, Europäischer und Nationaler Geopark
Nibelungenstraße 41, 64653 Lorsch
Tel.: 06251-70799-0, Fax: 06251-7079-925
E-Mail: info@geo-naturpark.de
Internet: www.geo-naturpark.de

Tourist-Info Nibelungenland
Marktplatz 1, 64653 Lorsch
Tel.: 06251-17526-0, Fax: 06251-17526-26
E-Mail: info@nibelungenland.info
Internet: www.nibelungenland.info

Odenwaldklub e. V.
Geschäftsstelle im Staatspark Fürstenlager
Bensheim-Auerbach
64625 Bensheim
Tel.: 06251-855856, Fax: 06251-855858
E-Mail: info@odenwaldklub.de
Internet: www.odenwaldklub.de

Inhaltsregister

Umschlaggestaltung unter Verwendung von Motiven aus dem Buch

Bibliografische Information der Deutschen Nationalbibliothek

Die Deutsche Nationalbibliothek verzeichnet diese Publikation in der Deutschen Nationalbibliografie; detaillierte bibliografische Daten sind im Internet über http://dnb.d-nb.de abrufbar.

Gesamtherstellung: Husum Druck- und Verlagsgesellschaft
Postfach 1480, D-25804 Husum – www. verlagsgruppe.de

ISBN 978-3-89876-657-9

1 Jugendstilstadt Darmstadt
2 Burgruine Frankenstein
3 Jagdschloss Bickenbach
4 Schloss Heiligenberg
5 Alsbacher Schloss
6 Scheuergasse Zwingenberg
7 Bergkirche Zwingenberg
8 Naturschutzzentrum Bergstraße
9 Auerbacher Schloss
10 Staatspark Fürstenlager
11 Altstadt Bensheim
12 Kletterhalle Bensheim
13 Fraa vun Bensem
14 Erlebnispfad „Wein und Stein"
15 Klosterruine Altenmünster
16 Kloster Lorsch
17 Lorscher Tabakgeschichte
18 Burgruine Starkenburg
19 Großer Markt Heppenheim
20 „Dom der Bergstraße"
21 Laternenweg Heppenheim